AF547066

ILONA EINWOHLT

Einfach losschreiben

Dein Schreibcoach für richtig gute Texte

Ilona Einwohlt

Einfach LOSSCHREIBEN

Dein Schreibcoach für richtig gute Texte

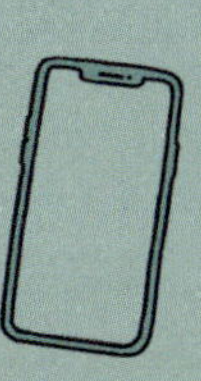

Illustriert & gestaltet von Vanessa Weuffel

one

Die Bastei Lübbe AG verfolgt eine nachhaltige Buchproduktion. Wir verwenden Papiere aus nachhaltiger Forstwirtschaft und verzichten darauf, Bücher einzeln in Folie zu verpacken. Wir stellen unsere Bücher in Deutschland und Europa (EU) her und arbeiten mit den Druckereien kontinuierlich an einer positiven Ökobilanz.

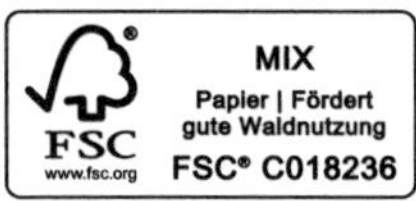

Originalausgabe

Ilona Einwohlt wird vertreten von der Agentur Schuldes

Textredaktion: Silvia Bartholl, Frankfurt
Umschlaggestaltung: BUCH & DESIGN Vanessa Weuffel
Umschlagmotiv: BUCH & DESIGN Vanessa Weuffel
Satz, Layout & Illustration: BUCH & DESIGN Vanessa Weuffel
Gesetzt aus der Bliss Pro und aus der Mixta Pro.
Druck und Einband: Drukarnia Dimograf Sp. z o. o., Bielsko-Biała

Printed in Poland
ISBN 978-3-8466-0234-8
5 4 3 2 1

Sie finden uns im Internet unter *one-verlag.de*
Bitte beachten Sie auch *luebbe.de*

BOOKLIST STATT PLAYLIST

Erich Kästner: Emil und die Detektive

Ich wäre als Kind so gern Pony Hütchen gewesen!

Herders buntes Bilderlexikon

Hat mir die Welt erklärt

Lewis Caroll: Alice im Wunderland

Das Kaninchenloch!

Gudrun Pausewang: Die Wolke

Hat mich sehr berührt

Kirsten Boie: Sophies schlimme Briefe

Finde ich einfach erzählt und witzig

Andreas Steinhöfel: Die Mitte der Welt

Wo denn sonst soll ich sein?

Karen Duve: Die entführte Prinzessin

Juchheirascha!

Julia Cortázar: Rayuela

Hat mich als Leserin emanzipiert

Thomas Mann: Der Zauberberg

Ja, ich stehe dazu

Samira El Ouassil & Friedemann Karig: Erzählende Affen

Hat mir die Augen geöffnet

Kübra Gümüşay: Sprache und Sein

Ist nicht zu trennen

Gail Carriger: A Heroine's Journey

Wie konnten wir so lange ohne Heldinnenreise sein?

INHALT

SCHREIBE … JEDEN TAG!

LIES! NUR WER LIEST, KANN WAS.

MACH! UND FANG AN, HIER UND JETZT.

KURZ & KNAPP UND BLOẞ KEINE WORTHÜLSEN!

ÜBE, DENN NUR SO WIRD'S GUT.

SAG ES! ALLE SOLLEN ES WISSEN.

KOPIERE UND PROBIERE VERSCHIEDENE SCHREIBSTILE AUS.

SAMMLE ALLES, WÖRTER, IDEEN, SCHNIPSEL …

BEOBACHTE UND ENTDECKE GESCHICHTEN.

REDIGIERE UND KRITISIERE.

SEI STOLZ UND ÜBE DICH IM SCHULTERKLOPFEN.

FÜHL DICH WOHL, MACH DEINEN ARBEITSPLATZ ZUM HAPPY PLACE TO BE.

HAU IN DIE TASTEN UND FINDE DEINEN SCHREIBRHYTHMUS!

LIEBE, WAS DU TUST! SCHREIBE MIT HERZ & VERSTAND.

Weil du gerne schreibst.
Weil du gerne mit dem Stift in der Hand Wörterwelten erfindest.
Weil du dich gerne auf Fantasiereisen begibst.
Weil du dir gerne verrückte Dinge ausdenkst.
Weil du gerne in die Tasten haust und Buchstaben in eine sinnvolle Reihenfolge bringst.
Weil du gerne Aufsätze schreibst und das Gefühl hast, da geht noch was.
Weil du kreativ bist und deinen Ideen Ausdruck verleihen möchtest.
Weil du dich als Künstler:in fühlst.

WEIL …

Vielleicht träumst du auch davon, eines Tages eine richtige Autorin oder ein richtiger Autor zu werden und dein Manuskript in einem Verlag zu veröffentlichen. Oder du willst mit deinem Text an einem Schreibwettbewerb teilnehmen und möchtest herausfinden, wie du deine Geschichte noch besser machen kannst. Oder du willst endlich gute Aufsätze schreiben und wissen, wie du mit einem Referat punkten kannst.

Kann aber auch sein, dass in deinem Kopf so viele Gedanken kreiseln, die dich unruhig machen und umtreiben. Dann ist es eine gute Idee, sie aufzuschreiben und dabei zu sortieren, ganz bestimmt gewinnst du dabei Klarheit. Denn Schreiben tut der Seele gut.

Vielleicht aber hast du einfach **SPASS AM SCHREIBEN** und bist auf der Suche nach Ideen, Tipps und Anregungen. Weil Schreiben dein Hobby ist. Weil dir sonst diese Aufsatzschreiberei die Laune verdirbt. Weil du

nicht immer ein vorgegebenes Thema brauchst. Weil nicht immer alles pädagogisch wertvoll sein muss.
Egal, warum du dieses Buch in die Hand nimmst, du findest auf den folgenden Seiten viele Möglichkeiten und Vorschläge zum Ausprobieren und Entdecken. Mit meinem Schreibcoach kannst du deine Schreibfähigkeit verbessern – wenn du willst.

Zunächst dreht sich alles um die Grundlagen des Schreibens, um Sprache, Erzählformen und was sonst noch dazugehört. Dann erfährst du, wie man anhand von Handlung, Charakteren und Orten Geschichten entwickelt. Und wie man einen Anfang und ein Ende findet. Zwischendurch findest du immer wieder Tipps, Informationen und Übungen, die du gleich ausprobieren kannst. Am besten in einem extra Heft.

Du kannst diesen Ratgeber von vorne bis hinten durcharbeiten. Kapitelweise, mit den jeweiligen Übungen dazu, wie eine kleine Schreibschule. Du kannst aber auch darin blättern und lesen, je nachdem, welches Thema dich gerade interessiert, und dir die passenden Übungen heraussuchen. Zudem findest du immer wieder Impulse, die dich in deiner Kreativität bestärken. Vielleicht entwickelst du dabei Lese- und Schreibrituale, die dir helfen, dranzubleiben und deinen eigenen Schreibrhythmus und Schreibstil zu finden.

Fang einfach an! Ich wünsche dir viel Spaß dabei!

Ilona Einwohlt

Übrigens: Auf *www.losschreiben.com* findest du noch mehr Tipps und im Download-Bereich zusätzliches Material zu den Übungen in diesem Buch.

TIPP Willst du dich wirklich verbessern? Dann empfehle ich dir Folgendes:

- Schreibe jeden Tag! Am besten am Morgen. Tagebuch oder Freischreiben, um dein Gehirn zu lüften (10 Minuten). Egal, was hinterher dasteht, raus mit all dem Kram, der dich belagert. Es geht nicht um einen sinnvollen Text, sondern darum, deinen Kopf freizumachen und deine Kreativität zu fördern.

- Nimm dir Zeit! Verabrede dich jede Woche für zwei Stunden zu einem Kreativtreff mit dir selbst. Beschäftige dich alleine mit Malen, Büchern, Schreiben, Musik oder Filmen, egal ob du konsumierst, liest oder gestaltest.

- Fülle dein Wörterfass! Lies regelmäßig, umgib dich mit Büchern, Zeitschriften, Zeitungen und sammle tolle Sätze und schöne Wörter.

Aus meinem Schreibkästchen

Ich schreibe, seit ich einen Stift in der Hand halten kann. In der Schule bin ich meinen Lehrer:innen mit etwas anderen Aufsätzen aufgefallen und habe später im Literaturstudium viel über Sprache und Texten gelernt.

Investiere ein paar Euro und kaufe dir Material: Washi-Tape, Stifte, Sticker, Stempel. Just for fun. Einfach so. Damit verzierst du dein Heft, deine Übungen, alles, was du in den kommenden Wochen fabrizierst. Damit du es fühlen und sehen kannst.

Schreib-
WERKZEUG

S wie Stift
C wie Computer
H wie Heft
R wie Radiergummi
E wie Eigensinn
I wie Ideen
B wie Buntstift
W wie Wörter
E wie Empathie
R wie Rechtschreibung
K wie Kugelschreiber
Z wie Zauberstab
E wie Ehrlichkeit
U wie Überzeugung
G wie Gefühl

HANDSCHRIFT ODER TASTEN?

Ob mit Stift aufs Papier oder mit Tasten in den Computer, **deine Ideen und Gedanken müssen raus**. Es ist Geschmacks- und natürlich Übungssache, womit du dich wohler fühlst, womit du schneller schreibst.
Es ist jedoch ein Unterschied, ob du einfach deine Gedanken fließen lassen möchtest oder gezielt an einem Text arbeitest. Wenn wir mit der Hand schreiben, legt das Gehirn Gedächtnisspuren an und wir können uns Zusammenhänge besser merken. Weil du von Hand langsamer schreibst, ist dein Gehirn stärker gefordert, es muss Informationen verarbeiten und sie sortieren. Das führt zu einem tieferen Verständnis und besseren Erinnern und insgesamt zu einer höheren Gedächtnisleistung. Wer also sein Gehirn trainieren möchte, schreibt mit der Hand, denn die Handschrift schließt den Denkprozess mit ein und vertieft den Inhalt. Tastenschreiben dagegen kann eher als eine mechanische Wiedergabe ohne Nachdenken angesehen werden.
Material und Umgebung spielen beim Schreiben eine wichtige Rolle: Du notierst deine Gedanken auf einem bestimmten Block oder in ein hübsches Heft, hast vielleicht ein Getränk und einen besonderen Stift in der Hand oder freust dich über den praktischen Laptop, den du überall hin mitnehmen kannst. All diese Dinge beflügeln dich, während du schreibst. Suche dir solche Orte und Momente! (Mehr über Schreiborte auf Seite 109).

Aus meinem Schreibkästchen

Mein Ideen-Heft habe ich immer dabei!

»Im Flow zu sein« bedeutet, dass etwas wie von selbst geschehen kann, weil du in diesem Moment weder über- noch unterfordert bist. Du denkst nicht weiter darüber nach, was du gerade tust, du tust es einfach, wie zum Beispiel Fahrradfahren oder Schwimmen oder eben Schreiben. Es geht um den Moment, den du intensiv und als lohnend erlebst. Wenn du im Flow bist, hast du keine Zweifel. Jedes Grübeln, jede Selbstkritik ist ausgeschaltet! Wenn alles richtig fließt, fühlst du dich einfach gut. Dafür sorgen in deinem Gehirn eine Reihe von sogenannten Neurotransmittern. Das sind biochemische Stoffe, die Reize von einer Nervenzelle zu einer anderen weitergeben.

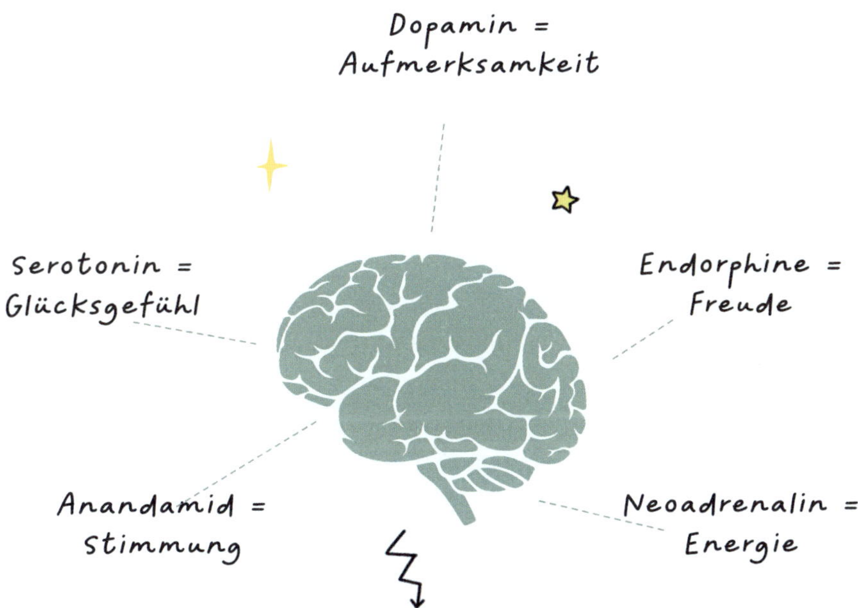

Die beste Übung, um in den Flow zu kommen, ist sogenanntes *Freischreiben*: Stell den Wecker und schreibe 10 Minuten am Stück. Was dir gerade in den Sinn kommt, nonstop, ohne den Stift abzusetzen. Denke gar nicht weiter nach, schreib einfach! Viele Autor:innen schreiben sogenannte »Morgenseiten« gleich nach dem Aufwachen genau auf diese Weise und pusten damit ihr Gehirn leer.

TIPP Lerne 10-Finger-Tastenschreiben! Dann schreibst du nicht nur schneller, sondern beugst auch Schulter- und Nackenverspannungen vor. Wenn du es oft genug übst, hast du die Chance, auch hier eines Tages in den Flow zu kommen, weil sich deine Gedanken wie von allein auf die Tasten übertragen.

KREATIVE TOOLS

Wie sammelt man Ideen, bevor sie davonfliegen? Die wenigsten von uns können auf ihr Gedächtnis vertrauen. Also versuche dir so viel und **so oft wie möglich deine guten Gedanken zu notieren** und zu merken. Die folgenden Hilfsmittel helfen dir dabei. Probiere aus, welche davon zu dir passen, und stelle dir deinen eigenen **Werkzeugkasten fürs kreative Arbeiten** zusammen. Denn den brauchst du!

Brainstorming

Nicht nachdenken, einfach loslegen und machen. Beim Brainstorming (Ideensammeln) gibt es kein Richtig oder Falsch. Sortieren, Bewerten und Rausschmeißen kommt hinterher. Denk dir einen Stein, der ins Wasser fällt und seine Kreise zieht, immer mehr Wissen kommt dazu. Oder ein Dominospiel, bei dem das erste Klötzchen umfällt. Eins führt zum anderen.

Du brauchst:

- einen guten Stift (oder mehrere, falls du der Typ Hand-Lettering bist)
- ein Heft (mindestens), in dem du deine Schreibfortschritte notierst und dokumentierst
- einen Karteikasten mit Register, wenn du gerne sortierst und Ordnung magst
- eine Schachtel, in die du Dinge = Ideen zur Inspiration legen kannst, oder ein entsprechend digitales Ordnungssystem auf deinem Computer oder Handy
- eine Pinnwand, auf der du Ideen visualisieren kannst (Moodboard)
- Notizzettel oder Post-its, denn inspirierende Zitate in einem Buch müssen markiert und/oder aufgeschrieben werden. Aber Achtung, weniger ist mehr! Beschränke dich auf das Wesentliche.
- Karteikarten mit oder ohne Linien, einfarbig oder bunt – Geschmacksache. Fakt ist, dass sich mit diesen Kärtchen prima arbeiten lässt. Mit System kannst du hier Namen, Orte, Eigenschaften oder generell Ideen sammeln und entsprechend ordnen. Oder später beim Plotten (Seite 60) die Reihenfolge deiner Szenen veranschaulichen. Funktioniert auch mit Post-its.
- Tabellen, ob per Hand oder digital. Mehrere Spalten helfen, Inhalte zu strukturieren. Beispielsweise einen Handlungsablauf oder die Kapitelreihenfolge.

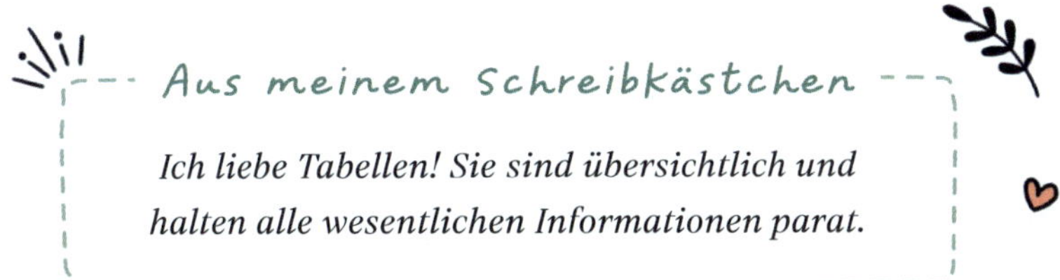

Clustern oder Mind Map

Super zum Brainstormen, weil hier Bilder und Begrifflichkeiten zusammenfallen und verschiedene Gehirnregionen gleichzeitig aktiviert werden. Schreibe einen Begriff in die Mitte und dann alles, was dir dazu einfällt, drum rum. Von jedem Begriff kann eine neue Assoziationskette gebildet werden. Das Verfahren nennt sich Clustern = Bündeln, weil man auf diese Weise schnell die wichtigsten Informationen und Ideen zu einem Thema auf einen Blick zusammenstellen kann. Bei einer Mind Map sammelt man ebenfalls Ideen und Begriffe, strukturiert diese aber von vornherein in eine übersichtliche Reihenfolge.

Sprachmemo

Gibt es auf jedem Handy. Wenn du unterwegs bist, nichts zum Schreiben hast, aber deine Ideen nicht vergessen willst.

Digitales Notizbuch

Wenn du geübt und entsprechend ausgestattet bist, eine feine Sache, weil du auf diese Weise relativ einfach deine Ideen auf dem Tablet aufschreiben und sortieren kannst. Ist aber ein teurer Spaß.

Schreibplan

Wie in einem Stundenplan trägst du in einem Schreibplan ein, wann du schreiben möchtest. Du kannst dir auch ein tägliches Ziel von einer bestimmten Anzahl von Wörtern oder Seiten setzen. Geht auch pro Woche oder Monat.

Dokumentation

Recherche und Sammeln von Informationen ist immer wichtig, insbesondere für alle, die Sachtexte oder über ein bestimmtes Thema schreiben. Schließlich willst du so authentisch wie möglich davon erzählen und keine Fehler machen. Wenn deine Geschichte zum Beispiel in einer Unterwasserwelt spielt, solltest du dich mit den Besonderheiten von Wasser, Flora und Fauna im Wasser und Tauchen auskennen. Wenn du einen Text über eine Bäckerei schreibst, solltest du über Zutaten, Rezepte und Törtchentricks Bescheid wissen. Es sind Details, mit denen du deine Leser:innen begeistern und fesseln kannst! Auch wenn es aufwendig erscheint, lohnt sich eine gründliche Recherche immer, weil dein Text dadurch viel lebendiger und echter wird. Und ganz nebenbei erweiterst du deinen Wissenshorizont. **Gewöhne dir an, die Quellen gleich zu notieren,** also festzuhalten, woher dein Wissen stammt. »Das Internet« ist keine Angabe, du musst schon konkreter eine bestimmte Website samt Abrufdatum benennen, denn Inhalte auf Websites können sich ändern.

TIPP Für deine Recherche findest du u.a. hier jede Menge Informationen. Achte dabei auf Fakten und Richtigkeit und prüfe die Quelle auf Vertrauenswürdigkeit.

- Sachbücher und Zeitschriften
- Romane, Kurzgeschichten
- Websites
- Filme, Serien, Podcasts
- Dokumentationen
- Handlungsorte, Schauplätze
- Lesungen, Vorträge
- Institutionen, Fachleute (Anfragen per Telefon, E-Mail oder auf Veranstaltungen)
- Interviews

SCHREIBPROGRAMME

Chat GPT ist ein Chatbot, der Künstliche Intelligenz (KI) einsetzt und je nach Auftrag Fragen beantwortet, Fachwissen zusammenträgt oder ganze Aufsätze zu einem bestimmten Thema generiert. Dabei berechnet er auf Basis der programmierten Daten, welches Wort wahrscheinlich als Nächstes kommt. Auf diese Weise lassen sich schnell und einfach Texte jeder Art erstellen, die jedoch mit kreativem Schreiben nichts zu tun haben und schon gar nicht mit einer Eigenleistung deinerseits. Abgesehen davon können sie Unwahrheiten enthalten.

Neben Chat GPT gibt es verschiedene Sprach- und Textverarbeitungsprogramme. Es lohnt sich, sich damit auseinanderzusetzen und im Laufe der

Zeit wenigstens eins davon richtig zu lernen. In der Schule wird einem das leider nicht mal eben beigebracht, deswegen findest du hier eine Mini-Anleitung für ein Open-Office Textprogramm, das kostenlos für jede und jeden zugänglich ist.

Im Prinzip funktionieren alle Textverarbeitungsprogramme ähnlich, egal, ob du MS-Word (hierfür brauchst du eine Lizenz), Google-Docs (da musst du dich registrieren) oder Pages (nur auf Apple-Geräten) verwendest. Hast du eins verstanden, kapierst du die Anwendung der anderen auch.

i Papyrus ist ein eigens für Autor:innen entwickeltes Schreibprogramm mit vielen praktischen Tools fürs Verfassen von Texten unterschiedlichster Art. Eher etwas für Fortgeschrittene, nicht nur, weil es Geld kostet.

Dokument erstellen und speichern

Sichere dein Dokument so, dass du es wieder findest, am besten mit Datum. So hast du immer die aktuelle Version im Blick. Zum Beispiel so: MS_Schreibcoach_240822.docx

Formatieren
Seitenränder und Schriftart festlegen, Fortgeschrittene entdecken unter den Formatvorlagen Überschriften. Damit lässt sich später automatisch ein Inhaltsverzeichnis erstellen, was bei Referaten, einem längeren Text bzw. Roman sehr praktisch ist.

Seitenzahlen einfügen
Ganz wichtig! Damit du den Überblick nicht verlierst und den Fortschritt deines Werkes prüfen kannst. Gehören in die Kopf- oder Fußzeile.

Schrift
Welche Schriftart du wählst, ist dir überlassen. Am besten eine für dich am Bildschirm gut lesbare Schrift. Wenn dein Text später irgendwo veröffentlicht werden soll, wird er sowieso noch mal extra formatiert und bekommt eine entsprechende Satzschrift. Lege Schriftgröße und Zeilenabstand fest, markiere Überschriften fett oder kursiv oder unterstreiche wichtige Wörter.

Illustrationen
Wenn du Spaß daran hast, gestalte deinen Text mit deinen eigenen Bildern und Grafiken. Dafür gibt es extra Programme, geht aber auch mit einem üblichen Textprogramm.

TIPP **Speichere deine Datei regelmäßig.** Nichts ist schlimmer, als wenn deine Datei auf Nimmerwiedersehen in den Tiefen deines Rechners verschwindet.

i *Eine Manuskript-Normseite hat 1800 Zeichen, es zählen auch die Leerzeichen. Das sind 60 Zeichen pro Zeile und 30 Zeilen pro Seite. Es ist also egal, welche Schrift du wählst und wie groß die Buchstaben und der Zeilenabstand sind. Unter »Dokument einrichten« legst du die Seitenränder fest.*

ⓘ Manuskript *kommt aus dem Lateinischen und bedeutet »Handschrift«, weil vor der Erfindung des Buchdrucks Bücher per Hand vervielfältigt wurden. Heute verwenden wir Manuskript als Synonym für die Rohfassung eines Textes.*

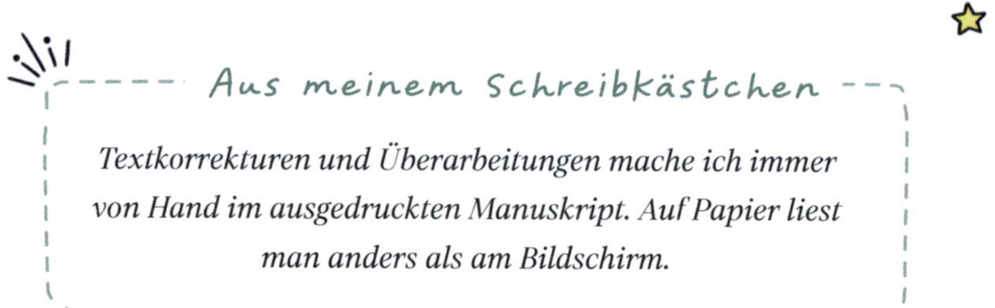

Aus meinem Schreibkästchen

Textkorrekturen und Überarbeitungen mache ich immer von Hand im ausgedruckten Manuskript. Auf Papier liest man anders als am Bildschirm.

TEXTGESTALTUNG

Zum Schreibspaß gehört auch die Gestaltung einer Seite. Wenn du mit der Hand schreibst, kannst du mit Farben, Unterstreichungen oder Zeichnungen arbeiten. Wenn du digital arbeitest, willst du vielleicht die Seiten druckreif gestalten. Kleine Warnung: Solltest du mit dem Gedanken spielen, deinen Text einem Verlag anzubieten, verzichte lieber auf eine komplette Buchgestaltung. Verlage haben eine eigene Vorstellung vom Auftritt ihrer Bücher und wissen, worauf es beim Verkauf ankommt. Für dich und den privaten Gebrauch macht es garantiert riesig Spaß, aus den vielen geschriebenen Seiten ein richtiges Buch zu basteln. Es gibt verschiedene Apps und Möglichkeiten, ein paar davon stelle ich dir vor.
Probiere aus, was zu dir passt!

Book Creator
Mit der App Book Creator kannst du auf dem Tablet aus deinen Geschichten ein richtiges Buch anfertigen – mit Cover und Rückseite. Die App verfügt über zahlreiche Gestaltungsmöglichkeiten: Ob du einen Comic oder das Ganze wie

eine Zeitschrift zusammenstellst und Illustrationen, Fotos oder interaktive Links einfügst, bleibt ganz dir überlassen. Überlege dir aber zuerst, wie dein Buch später aussehen soll. Am besten schreibst du den Text direkt in die App. Book Creator eignet sich für kurze, übersichtliche Texte oder Comics.

Canva

Mit Canva kannst du Präsentationen, Plakate, Flyer, Instaposts und vieles mehr gestalten. Es gibt unzählige Vorlagen und Möglichkeiten. Bereits mit der kostenlosen Version kannst du kreativ werden. Auch hier gilt wie überall: Alles, was kostenlos ist, bezahlst du mit deinen Daten.

ProCreate

ProCreate ist ein Zeichenprogramm und kostet 10 Euro im App Store. Wenn du ein iPad samt Pencil besitzt, eine super Sache, um mit den vielen »Pinseln« und Effekten »richtig« zu zeichnen bzw. auch zu schreiben, denn das Programm kann Handschrift in getippten Text umwandeln. Für eigene Geschichten toll, aber auch zum Erstellen von Lernseiten für die Schule oder das Studium.

InDesign

InDesign ist ein professionelles Layoutprogramm, das entsprechend teuer ist, aber auch viel kann. Viele Grafiker:innen arbeiten damit. Damit kannst du individuelle Bücher, Plakate, Texte usw. gestalten. Es gibt keine vorgefertigten Vorlagen, bei diesem Programm ist deine komplette Kreativität gefragt.

Oder von Hand: Stifte

Füller oder Kugelschreiber, Fineliner oder Bleistift, du entscheidest. So oder so macht ein Schreibgerät, das dir gut in der Hand liegt, mehr Spaß als ein kratziger Kugelschreiber.

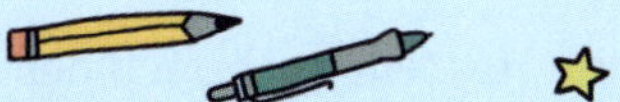

TEST: WELCHER SCHREIBTYP BIST DU?

Wir alle lernen und schreiben auf verschiedenen Kanälen. Die einen brauchen eine schöne Umgebung und müssen Dinge anfassen, um sich inspiriert zu fühlen. Die anderen lernen durch Hören, wieder andere brauchen den Prozess des Aufschreibens oder sind visuelle »Staubsauger«, die sich Dinge und Bilder gut merken können.
Finde heraus, welcher Schreibtyp du bist und was dich inspiriert.

Was nutzt du zum Schreiben?

❋ Ich nutze die Diktierfunktion von meinem Handy.
◆ Ich schreibe mit der Hand.
♥ Ich habe für jedes Schreibprojekt ein extra Heft bzw. einen eigenen Ordner auf dem Rechner.
✳ Ich sammle meine Ideen und Notizen in einer Kiste bzw. auf meinem Handy.

Wie startest du ein Schreibprojekt?

❋ Ich schreibe alles auf, was mir zu dem Thema einfällt.
◆ Ich denke erst mal gründlich nach.
♥ Ich sammle alles, was mit dem Thema zu tun hat.
✳ Ich schreibe verschiedene Textanfänge und entscheide mich später für eine Version.

Wie entsteht dein Text?

❋ Ich schreibe drauflos, ohne mir Gedanken über die Struktur zu machen.
◆ Ich entwickle meinen Text, während ich meine Ideen gliedere.
♥ Ich beginne mit dem Abschnitt oder der Szene, auf den oder die ich am meisten Lust habe.
✳ Ich schreibe meine Textteile mehrfach neu.

Was passiert während des Schreibens?

- ❊ Ich lasse mich überraschen, welche Ideen mir beim Schreiben kommen.
- ◆ Ich arbeite meine Gliederung Punkt für Punkt für Punkt ab.
- ♥ Ich freue mich, wenn der Text Seite für Seite wächst.
- ✳ Beim Überarbeiten des Textes finde ich heraus, was ich mitteilen will.

Wie beendest du dein Schreibprojekt?

- ❊ Ich benötige am Ende noch mal Zeit, um meinen Text zu strukturieren.
- ◆ Ich korrigiere nur noch kleinere Sachen.
- ♥ Ich muss mich entscheiden, welche Textteile die besseren sind.
- ✳ Ich konzentriere mich vor allem auf Wiederholungen und prüfe, ob alle Gedanken zu Ende geführt sind.

Auswertung

Zähle aus, wie oft du welche Kategorie angekreuzt hast, und lies nach. Wenn dein Ergebnis nicht eindeutig ist – das ist bei den meisten so –, bist du eine gesunde Mischung aus allen Schreibtypen. Das ist gut so, denn du bist ja keine Maschine. Lass dich von den Antworten inspirieren!

Überwiegend ❊: Gärtner:in auf Abenteuersuche

Du hast viele Ideen und schreibst frei und unbeschwert drauflos, lässt deine Gedanken einfach wachsen. Das hat den Vorteil, dass du offen bist und flexibel auf neue Impulse reagieren kannst. Ein Nachteil könnte sein, dass du vom eigentlichen Thema abschweifst und das Ziel aus den Augen verlierst, weil du das Ende nicht findest.

Überwiegend ◆: Architekt:in mit Plan

Ohne Struktur geht bei dir gar nichts, und auch das ist gut, denn so kannst du übersichtlich und gezielt schreiben, ohne dich zu verzetteln. Vorteil ist, dass du jederzeit auf den roten Faden deiner Geschichte zurückgreifen kannst und dein Schreibplan auch für andere nachvollziehbar ist. Nachteil ist, dass es neue Ideen schwer haben und du bereits beim Planen und Strukturieren sehr viel Zeit investiert.

Überwiegend ♥: Eichhörnchen auf Sammelkurs

Du schreibst mal hier, mal da, springst von einem Thema ins nächste oder recherchierst mal zwischendurch. Hat den Vorteil, dass du bei Schreibblockaden an jeder beliebigen Textstelle weiterschreiben kannst und viele kleine Erfolgserlebnisse hast. Als Nachteil ist sicherlich anzusehen, dass du dabei leicht den Überblick verlierst und komplexere Textteile vor dir herschiebst.

Überwiegend ✷: Wirbelsturm mit Fokus

Du schreibst immer verschiedene Versionen deines Textes und fängst jedes Mal von vorne an. Hat den Vorteil, dass du das Schreiben zum Denken nutzt und frei und unbeschwert so lange ausprobierst, bis du die beste Version deines Textes hast. Hat den Nachteil, dass du viel Zeit brauchst und dich bei zu vielen Versionen nicht entscheiden kannst.

TIPP Wie viel Struktur darf es sein? Soll dein kreativer Schreibprozess zu Erfolg und einem guten Text führen, helfen diese 5 Schritte:

1. Vorbereiten: Recherche, Mind-Map, Anhaltspunkte, Ideen
2. Wirken lassen: Erarbeiten von Konzept und Inhalt
3. Geistesblitz: Entwicklung von Plot, Handlung, Charakteren
4. Ausarbeiten: Struktur und Gliederung des geplanten Textes
5. Losschreiben: die Seiten mit deiner Geschichte füllen

Stempeln macht einfach Spaß, denn in kurzer Zeit hast du ein prima Ergebnis. Zudem beschäftigst du dich noch einmal auf eine ganz andere Weise mit Wort und Text. Egal, ob du Buchstaben oder Symbole verwendest, ein gekauftes Stempelset besitzt oder dir mithilfe von Kartoffeln, Moosgummi, Korken, Schwämmen selbst einen Stempel bastelst. Schaffe dir bunte Stempelkissen an!

Schreiben

S wie Spaß

C wie Chaos

H wie Herzblut

R wie Rechtschreibung

E wie Erzählung

I wie Inspiration

B wie Bücherliebe

E wie Einfälle

N wie Neugier

ERZÄHL MIR WAS!

Geschichten erklären dir die Welt, können dich retten oder trösten, unterhalten, dir die Augen öffnen, dich auf andere Gedanken bringen. Durch Internet und soziale Medien bist du ständig von neuen Geschichten umgeben, aber auch du selbst erlebst oder erzählst Geschichten, jeden Tag aufs Neue: was gestern war oder worauf du dich morgen freust, die Erinnerungen an die letzten Sommerferien, der Gedanke an die Zeit nach der Schule. **Ohne Geschichten können wir Menschen nicht leben, sie sind wie Atemzüge unseres Geistes.**

Das Beste: In jeder Geschichte liegt noch eine Geschichte. Wie bei diesen verschachtelten russischen Puppen gibt es immer kleinere Einheiten, immer weitere Botschaften, immer andere Erklärungen, Wahrheiten, Ansichten. Das macht Schreiben kompliziert – und reizvoll. Denn es lohnt sich, den Durchblick zu haben und Bezüge herstellen zu können. Wenn du Spaß daran hast, hinter die Kulissen, hinter die Strukturen zu schauen, wenn du verstehst, wie Texte und Inhalte entstehen, wirst du schnell Zusammenhänge entdecken, die dir die Welt erklären können. Und du wirst selbst immer besser schreiben.

ü **Welche Geschichten hast du heute schon gehört?**
Welche Geschichten hast du heute schon erzählt?
Welche Geschichte erinnert dich an eine andere Geschichte?

Die Sprachfähigkeit der Menschen hat sich vor vielen Jahrmillionen herausgebildet, aber erst der moderne Mensch, Homo Sapiens, war in der Lage »richtig« zu sprechen. Das ist rund 150.000 Jahre her! Später dann entwickelten sich Wortschatz und Grammatik unserer Sprachen (das war vor etwa 5.000 Jahren) – und genau das unterscheidet den Menschen von anderen Lebewesen: Dank unserer Syntax = der Fähigkeit, Wortgruppen und Sätze zu bilden, können wir erzählen, Geschichten von gestern oder übermorgen, und anderen damit die Zeit vertreiben, voneinander lernen oder uns gegenseitig informieren.

ü **Auch wenn du über Grammatik fluchst: Sie hilft dir, Geschichten zu erzählen. In der Vergangenheit, in der Gegenwart, in der Zukunft. Schreibe den gleichen (kurzen) Text in den drei Zeiten, z.B.: Jemand kauft ein und beginnt an der Supermarktkasse mit der Person vor sich einen Streit. Überlege, wie sich dabei Inhalt und Perspektiven verändern. Welche Version gefällt dir am besten, welche passt am besten zu deiner Geschichte?**

Bis zur Erfindung des Buchdrucks um 1450 durch Johannes Gutenberg war das mündliche Erzählen von Märchen und Legenden für das Volk die einzige Möglichkeit, Wissen und Informationen weiterzugeben. Bis dahin wurde alles von Hand geschrieben, kopiert und dupliziert.
Schreiben war früher ein Privileg der Gelehrten. Genauer gesagt, zunächst der Mönche, die im Kloster saßen und den lieben langen Tag nichts anderes machten, als Gott zu lobpreisen und Texte abzuschreiben. Das musst du dir mal vorstellen: Mit Feder und Papier wurden ganze Bücher vervielfältigt, das hat Wochen und Monate gedauert. Man braucht nicht viel Fantasie, um sich vorzustellen, wie leicht sich dabei Fehler eingeschlichen haben oder dass der Kopist etwas verändert hat. Daher schauen seriöse Historiker immer ganz genau hin, wenn sie alte Texte interpretieren.

Ein gutes Beispiel für unterschiedliche Versionen und Interpretationen ist die Märchensammlung der Gebrüder Grimm: Jacob und Wilhelm Grimm hatten 1815 die Idee, deutsches Volksgut zu verschriftlichen, und ließen sich von allen möglichen Menschen ihre Lieblingsmärchen erzählen, um dann aus allen Varianten ihre eigene Version aufzuschreiben.

Welche Versionen kennst du von dem Märchen *Rapunzel*? Recherchiere!

ALLES HAT EINE BEDEUTUNG

Es ist wichtig, Zeichen und die dazugehörige Bedeutung zu erkennen, sprich zu decodieren. Seien es chinesische Schriftzeichen, Emojis, die du im Gruppenchat teilst, oder Memes. Oder das ABC. Genau deswegen lernst du lesen und schreiben. Weil die Kombination der Zeichen einen Sinn ergibt, weil du »Bilder« verstehen und interpretieren kannst.

Denk dir einen Baum. Wie sieht er aus? Vielleicht so:

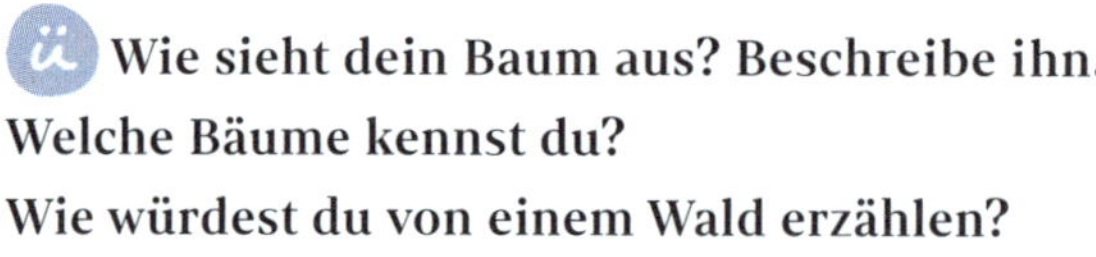

Wie sieht dein Baum aus? Beschreibe ihn.
Welche Bäume kennst du?
Wie würdest du von einem Wald erzählen?

Je detaillierter du etwas beschreibst (ob Baum, Blume oder Haus), desto interessanter und spannender wird dein Text, desto eindeutiger wird deine Botschaft. Im Chinesischen werden hierfür auch verschiedene Schriftzeichen gewählt.

Aus meinem Schreibkästchen

Als Kind war ich eine richtige Leseratte. Dass ich heimlich während des Unterrichts gelesen habe, wird auf jeder Familienfeier anders erzählt. Einmal hat mich die Lehrerin erwischt, einmal ist mir das Buch runtergefallen, einmal habe ich während des Lesens laut gelacht …

i *Die Bücher schreibender Frauen waren lange Zeit nicht sichtbar. Außerdem war ihnen bis zum Ende des 19. Jahrhunderts der Zugang zu Schule und Studium größtenteils nicht gestattet. Für uns heute unvorstellbar, oder? Und weil man Frauen für geistig minderbemittelt hielt, wurde ihnen das Lesen von Romanen oder wissenschaftlichen Texten verwehrt. Um diese Zeit herum etablierte sich das Genre Frauenliteratur, einfache, triviale Kost voller Klischees und Stereotype, die meist nichts anderes zum Ziel hatte, als Frauen in ihrer Rolle zu bestätigen. Viele Frauen haben trotzdem heimlich geschrieben und ihre Werke unter Handarbeiten versteckt, um sie dann wie die Brontë-Schwestern unter männlichem Pseudonym zu veröffentlichen.* Jane Eyre *(von Charlotte Brontë) und* Sturmhöhe *(von Emily Brontë) zählen längst zu den Klassikern der britischen Romanliteratur des 19. Jahrhunderts. Bis heute hält sich das Vorurteil, dass sich Bücher von männlichen Autoren besser verkaufen bzw. Bücher von Frauen von männlichen Lesern ignoriert werden.*

DAS GEHEIMNIS DES ABC

Manchmal klingt es wie Zauberei: **Mehrere Buchstaben miteinander verknüpft ergeben ein Wort, mehrere Wörter ergeben zusammengesetzt einen Sinn.** Als Kleinkind hast du die Bedeutung der Dinge gelernt – Baum, Hund, Haus, Banane – und später, wie man diese Wörter richtig schreibt und liest. Längst tippst und textest du täglich, längst verbindet dein Gehirn Wortanfänge mit den richtigen Endsilben, ohne dass du lange darüber nachdenken musst. Gelernt ist gelernt. Und Lesen macht mehr Spaß, wenn du nicht mühsam Buchstaben Silbe für Silbe aneinandersetzen und decodieren musst. Mit Schreiben verhält es sich ähnlich: **Je öfter du schreibst, je öfter du deinen »Kreativmuskel« aktivierst, desto leichter fällt es dir, desto schneller findest du die passenden Wörter und Formulierungen.**

Als die Menschen vor Urzeiten zu schreiben anfingen, taten sie dies übrigens nicht aus Spaß und Fabulierlust: Seinerzeit ging es darum, Geschäfte und Verträge abzuwickeln und diese zu dokumentieren. Mündliche Absprachen reichten nicht mehr, komplexe Zusammenhänge ließen sich nicht so einfach merken, man wollte es schwarz auf weiß. Deswegen kritzelte der Mensch zunächst Bildzeichen als Gedächtnisstütze an die Höhlenwände, später machte er sich Notizen in Büchern. Die Bildzeichen – Hieroglyphen – wurden mit Lauten verknüpft, und es entwickelte sich hieraus ein komplexes Schriftsystem. Das ist – wie gesagt – mehr als 5.000 Jahre her!

ü **Was waren deine ersten Wörter? Frag deine Eltern!**
Was war dein erster Text, den du geschrieben hast?
Welche Textsorten kennst du?
Welche Texte schreibst du am häufigsten?

DEIN NAME, DEIN PROGRAMM

Vermutlich war dein Name das erste Wort, das du schreiben konntest. Kein Wunder! Namen sorgen für Identität, Namen bezeichnen Menschen und Dinge. Sie stellen Ordnung her und helfen, sich in einer komplexen Welt zurechtzufinden. Namen haben immer eine Bedeutung, und jede, jeder von uns verknüpft mit bestimmten Namen bestimmte Geschichten und Erinnerungen.

Weißt du, was dein Name bedeutet? Finde es heraus! Frag deine Eltern, unterhalte dich mit deinen Freund:innen darüber und recherchiere im Internet.

Namenspielereien

1. Entdecke zu jedem Buchstaben deines Vornamens eine Superkraft von dir.

2. Schreibe ein Akrostichon mit den Anfangsbuchstaben deines Vornamens. Diese Art des Gedichtschreibens ist auch eine prima Übung, um zu einem bestimmten Thema in den Schreibflow zu kommen.

3. Sammle lauter Wörter zu den Anfangsbuchstaben deines Vornamens, suche dir die jeweils besten heraus und schreibe dann mit ein paar Sätzen eine Geschichte.

Ein Akrostichon ist ein Kurzgedicht bzw. -text, das aus den Anfangsbuchstaben eines Wortes gebildet wird.

Wie viele Wörter kennst du? Was denkst du? Nach Schätzungen des Duden-Verlags gibt es im Deutschen zwischen 300.000 und 500.000 Wörter. Etwa 50.000 Wörter sind es, die wir im Schnitt mühelos verstehen. In unserem aktiven Wortschatz nutzen wir zwischen 12.000 und 16.000 Wörter. Das sind die Vokabeln, deren Bedeutung wir kennen und die wir sicher anwenden können.

WARUM SCHREIBST DU?

Blöde Frage, oder? Denn darauf gibt es nur eine Antwort: Weil du es gern tust.
Okay, sicher gibt es auch viele weitere Antworten, denn diese Frage ist durchaus ernst gemeint und alles andere als mal eben so zu beantworten.

- Vielleicht willst du eines Tages dein eigenes Buch veröffentlichen? (Ab Seite 149 findest du ganz viele Informationen dazu.)
- Vielleicht träumst du davon, mit deinen Geschichten berühmt zu werden. (Ich drücke dir die Daumen!)
- Vielleicht willst du Gedichte schreiben. (Dann findest du in diesem Schreibcoach ehrlicherweise kaum Tipps.)
- Vielleicht willst du ausprobieren, was mit Sprache alles möglich ist. (Fühl dich herzlich eingeladen, ALLE Übungen auszuprobieren!)
- Vielleicht magst du kreative Spielereien, und Schreiben ist eine Möglichkeit, dich auszudrücken. (Viel Vergnügen!)
- Vielleicht willst du Klarheit über Dinge haben, die dich im Inneren bewegen. (Die Fragen in diesem Buch helfen dir hoffentlich dabei.)

ü Nimm dir Zeit und denk einmal in Ruhe darüber nach, warum du eigentlich schreibst. Es tut gut, auf diese Frage eine Antwort zu haben. Weil du dann selbstbewusster dein Ziel verfolgen kannst. Weil du dann viel entspannter schreiben kannst. Weil du dann das Gefühl hast, deine Ideen und Gedanken verpuffen nicht einfach so. Weil du einfach Klarheit hast. Also, wie lauten deine Antworten?

- **Warum schreibst du?**
- **Welche Themen interessieren dich?**
- **Worüber willst du schreiben?**
- **Wofür brennst du?**

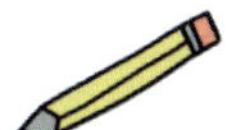

Aus meinem Schreibkästchen

»Solange du etwas zu sagen hast, so lange musst du schreiben«, hat mal jemand zu mir gesagt. Genau das ist meine Motivation.

ALLES IST TEXT

Stell dir eine Maschine vor, die für dich denkt und schreibt. Du müsstest nur ein paar Stichwörter liefern, Umfang und Textsorte bestimmen, auf eine Taste drücken, und schon wäre deine Geschichte fertig. Klingt verlockend, oder? Mit Chat GPT gibt es seit 2022 eine Künstliche Intelligenz, die genau das tut. Weil das Programm mit Milliarden von Informationen gefüttert und entsprechend trainiert wurde, ist es in der Lage, binnen kürzester Zeit auf Knopfdruck Texte zu generieren.
Wozu dann noch selbst schreiben, denkst du, dann kann ich mir die Mühe sparen. Vielleicht. Denn sicher gibt es einige Textsorten, die keine Eigenleistung benötigen wie zum Beispiel das Schreiben von Bedienungsanleitungen. Oder Sachberichte über ein bestimmtes Ereignis, wo Fakten gefragt sind. Ob diese dann sachlich stimmen, musst du dennoch prüfen. Aber überall dort, wo es um deine subjektive Meinung geht, um individuelle Ereignisse und persönliches Erleben, kann keine KI für dich einspringen und deine Kreativität ersetzen. Und es geht noch um mehr: Wer schreibt, ist Urheber:in eines Textes, und damit ist dieses Werk auch rechtlich geschützt (mehr zum Thema Urheberrecht auf Seite 152). Natürlich fließen beim Schreiben auch immer Ideen und in diesem Sinne andere Texte, Wörter und Erzählungen mit ein. **Alles, was du hörst, liest und siehst, prägt dich.** Das geschieht meistens intuitiv und unbewusst. Wenn du jedoch genau darüber nachdenkst, kannst du deine Erinnerungen nachvollziehen und wenn du willst, auch bewerten, sortieren oder ignorieren. Und vor allem bewusst einsetzen.

Eine KI wie Chat GPT wurde von anderen Menschen mit bestimmten Informationen nach einer bestimmten Auswahl entsprechend trainiert. Du weißt nicht, nach welchem Algorithmus Textbausteine generiert und zusammengesetzt werden – und das Programm »weiß« es auch nicht. Im Gegensatz zur Maschine bist du jedoch in der Lage, deine Vorgehensweise zu reflektieren und deine Quellen infrage zu stellen, die mitunter antidemokratische oder gar rassistische Inhalte und auch schlechte und vielleicht fehlerhafte Texte reproduzieren. Das ist ein großer Unterschied. Nutze ihn!

(Bis zur Drucklegung dieses Buches gab es auch keine gesetzlich vorgeschriebene Markierung, die KI-generierte Texte kennzeichnet.)

ü Welche Wörter verwendest du gerne?
Welche Sätze/Wörter sind typisch für dich?
Welche Sätze sind deine Lieblingssätze?

i Sicher kennst du das Spiel »Stille Post« und wie sich Aussagen beim Weitersagen verändern. Jede, jeder hat eine andere Wahrnehmung, jeder findet eine andere Bedeutung wichtig, jeder seine eigene Interpretation. Auf alle Fragen finden sich unendlich viele Antworten, vor allen in Zeiten von Fake News und Verschwörungstheorien.
Es gilt also zwischen Fakten, Wissen, Informationen und Wahrheit zu unterscheiden. Fakten, Wissen und Informationen sind überprüfbar, beweisbar, nachvollziehbar wie etwa die Aussage: »Meine Lieblingspizzeria hat heute

geschlossen.« Sowas wie eine objektive Perspektive, könnte man vereinfacht sagen.

Wahrheit dagegen ist immer verbunden mit einer subjektiven, persönlichen, individuellen Meinung: »Ich finde, sie machen die beste Pizza der Stadt!« Ähnliches geschieht beim Lesen und Schreiben: Einerseits gibt es schwarz auf weiß klare Aussagen. Buchstaben, die zusammengesetzt eine bestimmte Bedeutung haben. Andererseits gibt es deine persönliche Empfindung und Interpretation dazu. Diese kannst du erklären und beweisen, sie kann sich aber auch – je nach Gemütslage – morgen wieder ändern. Was ist dann die »Wahrheit«?

ü **Welche Texte, welche Bücher haben dich geprägt? Wir alle erleben und interpretieren Texte anders, je nach Herkunft und Erfahrungen. Und je nach Gemütslage und Situation lesen und erfahren wir ein Buch auf persönliche und vielleicht immer wieder neue Weise.**

Aus meinem Schreibkästchen

Für mich gilt immer die Wahrheit des Augenblicks. Sowohl beim Lesen als auch beim Schreiben. Alles. Immer. Jetzt.

Was brauchst du, um dich gut zu fühlen? Spüre in dich hinein. Vielleicht ist es eines dieser Bedürfnisse: Anerkennung, Ruhe, Konzentration, Spaß, Zuspruch, Vertrauen, Wertschätzung, Kreativität, Abenteuer, Lebendigkeit, Orientierung, Verständnis …

Sprache

S wie Spielerei

P wie Palindrom

R wie Reime

A wie Akrobatik

C wie Charme

H wie Humor

E wie Ereignis

TRAINIERE DEIN SPRACHGEFÜHL

Wenn du gute Texte schreiben möchtest, musst du deine Sprache und deinen Wortschatz pflegen. Dazu gehört neben lesen, lesen, lesen auch die bewusste Wahrnehmung der Wörter. **Dein Sprachgefühl kannst du trainieren, indem du bei jedem Text, den du liest, aufmerksam und neugierig bleibst und ihn exakt liest.** Zum einen natürlich, um den Inhalt zu verstehen, zum anderen aber auch, weil es Spaß macht, die Bedeutung und Herkunft der Wörter so genau wie möglich zu verstehen.

Fremdwörter stammen zum Beispiel aus anderen Sprachen, wie Salto, Sudoku, Globus und Laptop. Meist sind sie längst in die deutsche Sprache integriert, sodass wir sie kaum noch als solche erkennen. Oder wir nutzen Verben, die wir dann »eindeutschen«: chatten, chillen, googeln. Bei anderen Wörtern wie Atelier, Büro, Hotel, Tour oder Baiser haben wir vergessen, dass sie aus dem Französischen stammen (*atelier, bureau, hôtel, tour, baiser*), oder doch nicht?

Fachbegriffe klingen klug, müssen aber für deine Leser:innen nachvollziehbar bleiben. Wer weiß schon, was Authentiziät* oder Diskurs** bedeuten?

Wenn du Wörter aus dem Deutschen mit einer anderen Sprache vergleichst, kannst du viel Interessantes entdecken. Und wenn du verschiedene Sprachen sprichst oder Texte im Original lesen kannst,
wirst du leicht feststellen, dass sich vieles nicht so einfach übersetzen lässt.

---

*spätlateinisch von authenticus = verbürgt, zuverlässig, Echtheit im Sinne von Ursprünglichkeit
**Lateinisch discursus = umherlaufen; meint ein hin- und hergehendes Gespräch im Sinne eines erörternden Vortrags

i *Andere Sprachen, andere Lautmalereien. Lass dir diese Wörter mal auf der Zunge zergehen:*
yakamoz *(türkisch) – Reflexion des Mondes auf dem Wasser*
komorebi *(japanisch) – Sonnenlicht, das durch die Bäume schimmert*
meraki *(griechisch) – hingebungsvolle Leidenschaft, Liebe und Energie für eine Sache*

ü **Welche besonderen Fremdwörter und ihre Bedeutungen kennst du? Unter @aroundtheword kannst du fündig werden und Wissenswertes über Wörter entdecken. Oder suche im Fremdwörterlexikon nach den Begriffen.**

Auch Artikel haben Einfluss auf unsere Wahrnehmung. Im Deutschen sagen wir beispielsweise »die« Brücke, während es im Spanischen »der« Brücke heißt. Entsprechend reden wir bei uns von fragilen, schönen, hübschen Brücken, im Spanischen (*el ponte*) werden Brücken eher als groß, bedrohend, stabil und gewaltig beschrieben. Oder der Artikel für den Mond: Wir sagen im Deutschen der Mond, die Sonne. In vielen anderen Sprachen heißt es »die Mond« (*la lune, la luna*) und »der« Sonne (*le soleil, el sol*). Natürlich hat unsere Wahrnehmung von Wörtern immer etwas mit unserer Erziehung und kulturellen Prägung zu tun. Vor allem damit, dass wir in einem binären Geschlechtersystem aufwachsen und entsprechend lernen, Eigenschaften als »typisch männlich« bzw. »typisch weiblich« zuzuordnen.
Bestes aktuelles Beispiel ist die Sache mit dem Gendern. Sicher ist es dir schon aufgefallen, dass ich in diesem Buch den Doppelpunkt verwende, um damit alle Personen anzusprechen, die sich durch das allgemeingültige Maskulinum (z.B. bei Berufsbezeichnungen) sonst nicht angesprochen fühlten. Andere verwenden dafür das Gendersternchen*. Beides ist möglich. Es gibt Sprachen, in denen die geschlechtliche Zuordnung überhaupt keine Rolle spielt. Im Indonesischen, Persischen, Finnischen, Türkischen oder Japanischen beispielsweise gibt es keine geschlechtsspezifischen Pronomen (also kein er, sie, es).

Könntest du über eine Person schreiben, ohne dass ihr Geschlecht eine Rolle spielt?

Sprache hat also Einfluss auf die Wahrnehmung von Natur, Personen und Zeit. In unserer westeuropäischen Kultur lesen und denken wir linear, du liest dieses Buch von vorn nach hinten und von links nach rechts. Im Arabischen oder Hebräischen werden Texte von rechts nach links gelesen, ein Manga liest sich »von hinten nach vorne«. Und Japanisch wird üblicherweise vertikal geschrieben.

VON WORTHÜLSEN UND FLOSKELKILLERN

Besondere Wörter, Sätze, Redewendungen begegnen dir jeden Tag. **Gewöhne dir an, besondere Ausdrücke oder Sätze aufzuschreiben.** So verankerst du sie besser, und sie bleiben automatisch in deinem Gedächtnis. Später können sie dich inspirieren! Aber du lernst auch durchs Nachahmen. Es spricht nichts dagegen, Tonalität und Stil von Lieblingsautor:innen zu imitieren, um daraus deinen eigenen Schreibstil zu entwickeln. Finde Lieblingssätze und Lieblingswörter! (Solche Texte sind jedoch nur zum Üben gedacht und keinesfalls zur Veröffentlichung.)
Vorsicht aber bei abgedroschenen Redewendungen und Klischees! Sie schleichen sich leicht ein, weil wir sie immer wieder hören und lesen und für so normal empfinden, dass wir sie nicht mehr bemerken. Dabei sind sie nichts als Worthülsen, die am besten dem Phrasenmäher zum Opfer fallen.

- Deutschland, Land der Dichter und Denker
- Der Fantasie sind keine Grenzen gesetzt.
- Nach Lust und Laune

Folgende Sätze hast du vermutlich schon oft gelesen. Wie könnten sie anders lauten? Formuliere um:

Eine sanfte Brise wehte durch das Haus.
Vorsichtig lief sie die Treppe hinunter.
Sie hatte zarte Haut, blonde Haare und einen roten Mund.
Langsam legte sich die Dunkelheit über das weite Feld.
Tür und Tor standen offen.
...

»Eigentlich« sollte eigentlich aus dem Wortschatz verschwinden ... Füllwörter sind, wie der Name schon sagt, schmückendes Beiwerk. Sie können zwar Aussagen abmildern, sind aber oft entbehrlich. Denn »Ich finde dich manchmal einfach etwas langweilig« statt »Ich finde dich manchmal langweilig« klingt zweifelsohne netter, ändert aber nichts am Inhalt.

Achte in deinem Sprachgebrauch darauf, wie und wann du Füllwörter einsetzt – und ob du auf sie verzichten kannst. Mit der Frage »Ändert sich die Aussage oder nicht?« kannst du das leicht nachprüfen und entscheiden.

Das Konzert war *echt* toll!
Irgendwie ist das doof.
Klar können wir dort hingehen.
Das war *halt* so.
Eigentlich war es ein schönes Buch.
Sie war *ziemlich* eingeschnappt.
Das war *sicherlich* eine gute Entscheidung.
Grundsätzlich habe ich nichts dagegen einzuwenden.

Argumentationswörter
Erstens-zweitens-drittens, einerseits-andererseits, nicht zuletzt, nicht zu vergessen, schließlich, zusätzlich, darüber hinaus, ebenso, gleichermaßen, auf ähnliche Weise, hieraus ist zu folgern, aufgrund dessen, weil, infolge von

Beispiele geben
Etwa, beispielsweise, denken wir uns Folgendes, um zu veranschaulichen

Abschlusswörter
Zusammenfassend lässt sich sagen, folglich, auf den Punkt gebracht, abschließend, deshalb, daher

Persönliche Meinung
Es scheint mir, ich bin überzeugt, ich würde sagen, meiner Meinung nach

SPRACHE ALS SPIEGEL

Das Leben ist Veränderung, Neues kommt hinzu, manches bleibt, manches verschwindet. **Und Sprache spiegelt immer Veränderungen in der Gesellschaft.** Dachbegrünung, Flugscham, plastikfrei oder bienenfreundlich bezeugen zum Beispiel die aktuelle Klimakrise und ein neues Umweltbewusstsein unserer Gesellschaft. Und dass wir inzwischen das Wort »genderneutral« verwenden, ist ein Zeichen für Diversität. Es zeigt ein verändertes Bewusstsein im Umgang mit den Geschlechterrollen, auch in Hinblick auf patriarchale Strukturen in unserer Gesellschaft.
Weil wir uns aktuell stark an den Trends des anglo-amerikanischen Raums orientieren, stammen neue Wörter bei uns meist aus dem Englischen wie *Laptop*, *Lifehack* oder *Uploadfilter*. Das war vor 300 Jahren anders: Da galt der französische Einfluss als schick, äh: chic, Wörter wie Büro, Billett, Revue, Façon, chic, Rouge bezeugen das. Sie wurden längst abgelöst von Office, Ticket, Show, Style, nice, Blush. Manchmal benutzen wir Wörter

auch in anderen Zusammenhängen: »Geil« stammt ursprünglich aus der Pflanzenwelt und bezeichnet wild wuchernde Triebe. Entlehnt wurde es dann für sexuelles Begehren. Längst aber wird »geil« als Synonym für cool verwendet, und immer weniger Menschen regen sich darüber auf.

So oder so zeigt sich Kreativität im Umgang mit Sprache. Wenn du gerne Wörter erfindest, Scrabble spielst und Sprachen lernst, weißt du, was ich meine. Der Philosoph Ludwig Wittgenstein (1891–1951) hat einmal gesagt: »Die Grenzen meiner Sprache bedeuten die Grenzen meiner Welt.« Bedeutet: Sprache ist mit deiner eigenen Identität verbunden, denn sie spiegelt dein Bewusstsein, dein Wissen, deine Kultur. Je mehr du über dich und die Welt Bescheid weißt, desto besser kannst du darüber sprechen, desto größer ist dein Erfahrungshorizont.

*

i *Der Gymnasiallehrer Konrad Duden veröffentlichte am 7. Juli 1880 das nach ihm benannte Wörterbuch. Der* Duden *dokumentiert seitdem nicht nur unseren Wortschatz und bildet die Grundlage einer einheitlichen Schreibweise der deutschen Rechtschreibung. Das Standardwerk sorgt auch dafür, dass die deutsche Sprache in ihrem Wandel gepflegt und erhalten bleibt.*
Und immer entstehen neue Wörter: Frostkerze, Mikroplastik, Doppelwumms, Schnutenpulli, Strompreisdeckel oder Triggerwarnung haben es als Wortneuschöpfung (= Neologismus) in unseren Sprachgebrauch geschafft.

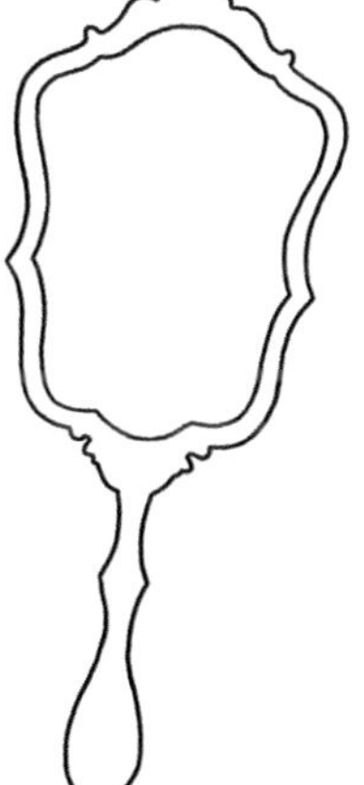

ü Scrabble oder: Wie gut bist du im Erfinden neuer Wörter? Tabellen und Listen helfen dir dabei, wenn du systematisch vorgehen und Wörter miteinander kombinieren willst. Welche fallen dir noch ein? Ergänze und finde neue Kombinationen. ►

Schimpfwörtermaschine

Kotz	Gurke
Pups	Pinsel
Stink	Igel
Kack	Pickel
…	…

Kombiwörter Themenwelt Schuhe

Matsch	Stiefel
Flug	Latschen
Wunder	Clogs
Kuss	Flipflops
…	…

Witzige Verben

kringelig	tanzen
groß	balancieren
krass	denken
vorwärts	trinken
…	…

Zusammengesetzte Hauptwörter als Kunstwort

Sonnen	Stern
Abend	Haus
Blumen	Pferd
Fußball	Glas
…	…

Kofferwörter (zwei Wörter ergeben ein neues)

Breakfast + Lunch = Brunch
Sex + Texting = Sexting
Motor + Hotel = Motel
Teuer + Euro = Teuro
Ja + Nein = Jein

Aus meinem Schreibkästchen

Manche Wörter können nur die eigenen Familienmitglieder verstehen, weil nur sie die Geschichte dahinter kennen. Bei mir ist das »Tanzapfel« und »Pizzakurve«. Was könnten sie bedeuten? Welche Wörter sind das bei dir?

Tanzapfel = Apfel in der Box auf der Fahrt zur Tanzstunde
Pizzakurve = Treffpunkt vorm Pizzaladen

REIME UND RHYTHMUS

Wenn wir uns viel mit Sprache beschäftigen und unseren eigenen, individuellen Sprachrhythmus finden, kommen wir irgendwann auch auf Reimwörter. Es müssen ja nicht gleich Gedichte oder Balladen sein! Aber wenn du einmal anfängst, kannst du gar nicht mehr damit aufhören. Wetten, dass du für jedes Wort auch den passenden Reim findest?

ü Suche Reimwörter zu Joghurtbecher, Pfannenstiel, Trinkschokolade, Internet und schreibe ein kleines Gedicht.

Kleine Rhetorik-Kunde:
Alliteration = wenn alle Wörter mit dem gleichen Buchstaben anfangen (pink, pride, peinlich oder Sonne, Sommer, Sand)

Anapher = wenn alle Sätze mit dem gleichen Wort bzw. der gleichen Phrase anfangen (Die Welt war grün. Die Welt war schön. Die Welt war großartig.)

Oxymoron = einander widersprechende, sich gegenseitig ausschließende Begriffe wie »Eile mit Weile« oder »schwarze Milch« oder »junggebliebener Best Ager«.

Palindrom: Wörter oder Sätze, die vorwärts wie rückwärts gelesen den gleichen Sinn ergeben, zum Beispiel »Anna hetzte Hanna« oder »Ebbe«.

Pleonasmus: sinngleiche oder sinnähnliche Wörter, zum Beispiel weißer Schimmel, tote Leiche, vorläufiges Provisorium

Tautologie: Wiederholung mit anderen Begriffen wie still und leise, Angst und Bange, nie und nimmer, voll und ganz

Onomatopoesie: Lautmalerei, besonders in Comics vertreten und auch beim Chatten verbreitet: ächz, stöhn, smile, grins, grrr, boing, bumm, zack

Metapher: Hier wird ein Wort in einen anderen Bedeutungszusammenhang gebracht, es handelt sich also um einen Ausdruck im übertragenen Sinne: Schnee von gestern, jemandem das Herz brechen

Schreibe lustige Sätze, bei denen alle Wörter mit dem gleichen Buchstaben anfangen.

Ines isst immer irgendwelchen Ingwer.
Grüne, glibschig-grässliche Giftnatter generiert ganztags Gaffer.

Titus Tanzbär tanzt tollpatschig tagelang Tanzturniere.
Fröhliche Fallbeispiele fördern fantastische Fitzelsätze.

WÖRTERVIELFALT UND SILBENMUSIK

Schauen wir uns ein paar Wörter noch mal genauer an: Substantive, Verben, Adjektive, ihre Bedeutung und was sie alles bewirken können.
Denn es ist doch spannend: Wörter wie Haus, Tier, Auto, Fahrrad oder Handy bezeichnen konkrete Gegenstände, aber sie lösen jede Menge Gefühle aus wie Heimweh, Liebe, Sehnsucht, Angst.
Manche Wörter wie Tausendsassa, Purzelbaum oder Achterbahn nehmen dich sofort gefangen. Wörter wie Sonnenschein oder Schwebebahn klingen besonders, andere haben einen »merk«würdigen Klang, zum Beispiel Wildwuchs oder Scharnier. Dann gibt es eklige Wörter wie Rotze oder Sabber, Pickel oder Fußpilz, Blutgrütze oder Eiterbeule. **Andere Wörter wiederum schmecken und lösen Erinnerungen aus.** Brausepulver zum Beispiel. Oder Meer. Oder Hallenbad ...

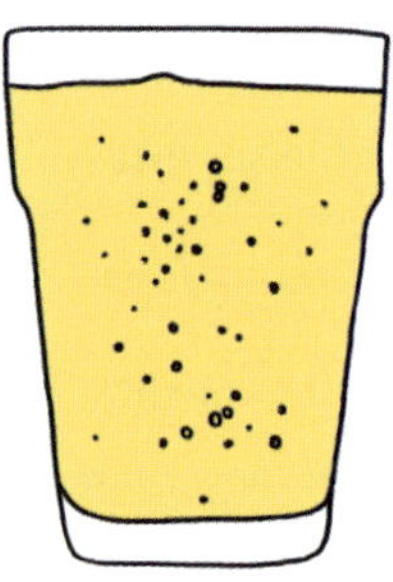

ü ◆ Öffne ein Päckchen Brausepulver, rieche und schmecke bewusst dessen Inhalt. Dann schreibe auf, was dir dazu einfällt.
◆ Streichele über einen Wollpulli. Spüre bewusst die Fasern und beschreibe, wie sich das anfühlt.
◆ Lege dich rücklings auf die Wiese und schaue in den Himmel. Welche Geschichten erzählen dir die Wolkenbilder?

TIPP Wenn du einen Text schreibst, versuche so präzise wie möglich zu erzählen. Vergiss das Allgemeine und komm zum Besonderen, also vom Gebäude zum Haus zum Bungalow zum Esszimmer. Oder vom Tier zum Hund zum Mops. Oder von der Kleidung zum Pulli zum Hoodie. Sozusagen als Steigerung rückwärts. Erfordert ein bisschen Übung.

Vervollständige die Liste:

- **Zimmer** –
- **Tier** –
- **Kleidung** –
- **Sitzgelegenheit** –
- **Schuhe** –
- **Landschaft** –

Verben sollte deine besondere Aufmerksamkeit gelten, denn hier kannst du mit wenigen Worten viel erreichen. Auch bei Verben kannst du immer genauer werden.

Schreibe Variationen von:

- **Sophie isst einen Keks.**
- **Paulek trinkt Tee.**
- **Gamze geht über die Straße**

Finde andere Wörter – Synonyme – für: riechen, schreiben, sitzen, denken

Ein **Synonym** *ist ein sinnverwandtes Wort, du kannst also das eine durch das andere ersetzen. Allerdings funktioniert das nicht immer 1:1, feine Abstufungen sind möglich, so wie bei den Beispielen oben.*

Adjektive können deinen Text vergolden oder verschlimmern – wie immer liegt die Wahrheit dazwischen. Sie beschreiben, wie etwas ist, wie etwas passiert, charakterisieren Dinge und Personen. Werden zu viele Adjektive verwendet, wirkt der Text ermüdend und trivial. Im Deutschaufsatz machen sie (angeblich) deinen Text spannend und lesenswert, während du beim literarischen und kreativen Schreiben sparsam mit ihnen umgehen solltest.

Erweitere deinen Wortschatz, mache deine Wortpalette bunter:

- **Rot ist nicht gleich rot. Welche Rottöne kennst du? Zinnoberrot, Karminrot, Feuerrot, Orangerot, Rostrot, Blutrot, Dunkelrot, Ampelrot, Tomatenrot, Rosenrot ... Ergänze die Sammlung!**
- **Was ist alles blau? Weltraum, Meer, Blumen, Band. Blautöne sind Kornblumenblau, Himmelblau, Königsblau, Blassblau, Mitternachtsblau, Schieferblau ... Ergänze die Sammlung!**
- **Lege dir für die anderen Farben jeweils Listen an, die du im Laufe der Zeit vervollständigst.**
- **Grün, Blau – welche Gegenstände haben diese Farben?**
- **Sammle Sprichwörter und Redewendungen mit blau/rot/grün etc.: Das Blaue vom Himmel versprechen, blau machen ... rot wie die Liebe, rot wie Blut, grün ist die Hoffnung, grüner Daumen ...**

- **Sammle besondere Adjektive! Was für Farben geht, kannst du auch mit Häusern, Menschen, Orten, Tieren machen. Oder für Gefühle, Geschmack, Sinneseindrücke.**
- **Suche nach Ekelwörtern, Wohlfühlwörtern, Traumwörtern.**
- **Welche Wörter sind deine Lieblingswörter?**
- **Welche Wörter lösen besondere Gefühle in dir aus?**
- **Bilde mit diesen Wörtern neue Wörter oder Wörterketten.**

Finde Wörter, die ...

- rascheln
- laut sind
- leise sind
- unangenehm sind
- lecker schmecken
- riechen

ü Finde andere Bezeichnungen für

- schön
- nett
- sympathisch
- toll
- freundlich
- cool

Überlege, wie man diese Eigenschaften auf andere Weise erzählen kann!

Aus meinem Schreibkästchen

Ich lese meine Texte immer laut und spaziere dabei herum. So merke ich schnell, ob ein Text funktioniert oder nicht.

Erzähle (d)einen Traum! Schwelge in deinen Vorstellungen, male aus, idealisiere. Beginne mit: Ich träume von … Es gibt keinerlei Einschränkungen, es ist alles da, was du brauchst: ideale Bedingungen, Freund:innen, Anerkennung, Liebe …

Handlung

H wie humorvoll
A wie abenteuerlich
N wie notwendig
D wie dynamisch
L wie lesenswert
U wie ungewöhnlich
N wie nachvollziehbar
G wie gelungen

PLOT ODER DIE FRAGE: UM WAS GEHT'S ÜBERHAUPT?

Egal, ob Aufsatz, Beitrag oder Kurzgeschichte, es lohnt sich immer, vorher einmal über die Handlung nachzudenken. Natürlich kannst du just for fun drauflosschreiben. Je nach Sinn und Auftrag ist es nur nicht immer zielführend. Damit eine Geschichte originell und spannend wird, braucht sie nämlich abgesehen von einer kreativen Sprache ein tolles Thema, eine fesselnde Handlung. **Was also willst du erzählen? Das ist die Frage nach dem Inhalt. Und warum? Das ist die Frage nach dem Motiv.**
Erst wenn du deine Geschichte in einen Satz gepackt hast, kannst du richtig weiter damit arbeiten. Wenn du noch keine Idee hast, über was du schreiben willst: Macht nichts! Es ist nämlich gar nicht so leicht, die eigenen Gedanken und den Inhalt samt Thema auf den Punkt zu bringen und in wenige Worte zu fassen. Es gibt eine Reihe von sogenannten »Master-Plots«, die die Basis einer Geschichte bilden: Suche, Verfolgung, Rivalität, Flucht, Rache, Abenteuer, Liebe ... Sie begegnen dir in vielen Romanen (und Filmen) in immer neuen Varianten.

Aus meinem Schreibkästchen

Nichts nervt mich manchmal so wie die Frage nach dem Warum?!
Aber die Suche nach Antworten lohnt sich immer.

 *Verschiedene Arten von Plots*

Puzzle-Plot = *alles wird aufgelöst*

Plot Twist = *alles scheint gut, und dann wird doch alles ganz anders*

Netzwerk-Plot = *Akteure der Geschichte haben scheinbar nichts miteinander zu tun*

Triumph-Plot = *unerwarteter Sieg und Ausgang*

Plot Hole = *Ungereimtheiten in der Geschichte*

Baby shoes, never worn – eine Geschichte in vier Wörtern, angeblich vom britischen Autor Ernest Hemingway. Finde weitere Beispiele! Nimm 6, 8, 10 Wörter und stelle eine *Geschichtenkiste* mit Wörtern bzw. Figuren deiner Wahl zusammen. Zum Beispiel:

Haus (aus Stoff), Katze (Foto), Wald (Kiefernzweig), See (Wasserglas), Kind (Legofigur, Barbie), Glück (Blume, Eis, Glücksklee)

Haus = Was ist das für ein Haus? Wie sieht es aus?
Katze = Wie heißt sie? Was macht sie? Wo ist sie?

Wald = Wo genau im Wald? Wie sieht der Wald aus? Welche Bäume gibt es?
See = Was passiert am See?
Kind = Wie heißt das Kind? Was macht das Kind? Wie sieht es aus?
Glück = Wie geht die Geschichte aus? Wird jemand gefunden, gibt es eine Versöhnung, einen Preis?

Motiv und Plot bedingen sich gegenseitig. Durch die Motivation der Protagonist:innen kommt die Handlungsabfolge erst zustande. Die Handlung wiederum beeinflusst auch die Aktionen der Figuren im Text und damit den Inhalt. Meistens ist es eine Kombination aus verschiedenen Motiven:

- **Rivalität** – Konkurrenz, Wettbewerb, wer ist die oder der Beste und gewinnt?
- **Rettung** – Jemand ist in Not, und es muss geholfen werden. Aber wie? Die Geschichte beruht auf der Dynamik zwischen Protagonist:innen, Opfer und Antagonist:innen und der Frage, was als Nächstes passiert.
- **Suche** – Etwas fehlt und muss gefunden werden: das Glück, die Liebe, ein Mensch, ein Gegenstand. Es ist meist ein psychologischer Plot.

- **Abenteuer** – Im Mittelpunkt steht die Reise, die Suche, nicht die Figur. Und immer der nächste Moment.
- **Verwandlung** – Jemand wird durch ein tragisches Erlebnis zu einem besseren Menschen.
- **Rache** – Damit das Gute siegt, muss Rache geübt werden. Ein sehr emotionales Thema, denn das Gefühl für Recht und Unrecht betrifft uns alle.
- **Underdog** – Jemand wird verkannt, gemobbt und muss sich beweisen.
- **Liebesgeschichte** – Klassiker. Zwei lieben sich, kriegen sich – nicht.
- **Verfolgung** – Spannung pur, weil ständig etwas Neues passiert. Innerhalb kürzester Zeit ist klar, wer der oder die Böse ist und wer der oder die Gute – und wer wen jagt.
- **Coming-of-age** – Erzählt wird das Heranwachsen eines Jugendlichen mit all seinen Konflikten und Veränderungen während der Pubertät, die es dabei zu bewältigen gilt.
- **Rätsel** – Je mehr, desto besser, mit allen Irrungen, Verwirrungen und falschen Fährten. Doch die Antwort darf nicht zu einfach sein (dann fühlen sich die Leser:innen nicht ernst genommen) und nicht zu schwierig (dann steigen sie aus).

i *Wo bleibt der Spaß, fragst du dich. Klar: Nonsens, also Spaß um des Spaßes willen, darf sein. Denke nur an die Bücher von Roald Dahl oder Lewis Caroll! Und witzige Sprüche lockern jeden Text und jeden Beitrag auf, wir alle lachen gerne, aber meistens viel zu selten. Zu viele Sprüche sind jedoch nervig, und richtig gute, komische Texte zu schreiben ist eine Kunst für sich. Denn Humor ist immer eine Geschmacksfrage. (Was immer »geht«, aber unter deinem Niveau sein sollte, ist Fäkalsprache wie Furz, Kacka oder Pipi).*
Probiere es bei deinem nächsten Vortrag aus, starte mit einer witzigen Bemerkung, oder lass eine deiner Figuren einen Spaßvogel sein! Bei alledem ist es wichtig, dass deine Leser:innen MIT deiner Hauptfigur lachen und nicht über sie (vgl. Rico, Oscar und die Tieferschatten *von Andreas Steinhöfel). Sich lustig machen geht gar nicht!*

Sammle Witze, übe dich im Witzeerzählen, schreibe sie um oder erfinde eigene Witze.
Sammle komische Situationen, peinliche Momente und lustige Anekdoten. Dann hast du immer was zu erzählen und/oder einzubauen.

DIE FÜNF W-FRAGEN

Wer? Wann? Wo? Warum? Wie? – Ja, da kommt noch was. **Es geht nämlich darum, auf all diese W-Fragen Antworten zu finden.** Egal, ob du einen Roman, einen Kurztext oder einen Aufsatz schreibst.

Mit **Wer?** sind alle Figuren gemeint, die in deiner Geschichte eine Rolle spielen: die Hauptfiguren ebenso wie die Nebenfiguren oder der Hund. Je merk-würdiger sie sind, je originellere Berufe oder Macken sie haben, desto kreativer und spannender wird es (mehr über Charakterentwicklung ab Seite 75).

Wann? ist die Frage nach der Zeit, in der deine Geschichte spielt. Das kann bekanntlich gestern oder heute Morgen ebenso wie letztes Jahr sein oder in ferner Zukunft. Wichtig ist, dass dann entsprechend auch die Handlung und das Setting drum herum passen.

Wo? ist die Suche nach dem Ort, an dem das Ganze stattfindet. Hier gilt: je präziser, desto origineller. Also nicht irgendeine Stadt, sondern auf dem Bahnhof Gleis 9 ¾, die Tankstelle am Ortsausgang, das Klassenzimmer der Brennpunktschule.

Warum? Aus welchem Grund kommt deine Geschichte in Gang? Was ist die Motivation? (Eine Ratte liegt auf den Gleisen, der Benzinlaster brennt, jemand hat die Klassenzimmertüren zugeklebt, ein seltsames Fundstück katapultiert dich in eine andere Zeit, etwas verschwindet ...)

Wie? ist am schwierigsten zu beantworten. Wie? ist die Frage nach dem Erzählton, nach der Sprache, nach der Art und Weise, wie du deine Geschichte erzählst. Wählst du einen ironischen Tonfall? Oder erzählst du lieber ganz traditionell, linear und in der Vergangenheit? Willst du besonders kreativ sein und dich ausprobieren? Oder lieber humorvoll, locker, leicht, mit Augenzwinkern und ganz viel Quatsch? Das Wie? hängt immer auch vom Thema ab und hat etwas mit der Erzählperspektive zu tun (siehe Seite 88).

Beantworte die W-Fragen auf Karteikarten oder Zetteln und sortiere sie in einen Karton oder in eine Dose. Wenn du lieber digital arbeitest, lege dir eine entsprechende Liste oder Tabelle an. Wichtig ist, dass du deine Antworten so präzise wie möglich sammelst.

Zutaten für eine Kurzgeschichte:
- Umfang = gering (max. 10 Normseiten)
- Figuren = wenige (lieber nicht mehr als 3, sonst wird's zu kompliziert)
- Handlung = linear (also keine Zeitsprünge)
- Ort = konzentriert (keine Reise)
- Wann = bestimmter Zeitraum (Klarheit!)
- Wendepunkt = einer (reicht)
- Anfang = offen (gleich rein)
- Thema = ungewöhnlich
- Sprache = kreativ
- Ende = meistens offen (ohne Lösung)

Unter einem Exposé versteht man die Ausarbeitung einer Idee für einen Text: ca. 3 Seiten, wenn es ein Roman werden soll. Im Exposé werden der

Handlungsverlauf sowie die Wendepunkte dargestellt. Zudem werden die Hauptfiguren stichwortartig charakterisiert. Für eine Kurzgeschichte skizzierst du dein Anliegen entsprechend knapper.

DER TRICK MIT DEM STORYBOARD

Zugegeben, das Nachdenken über einen Plot klingt nach viel Arbeit. Das ist es auch und gehört zum Schreiben dazu. Vorausgesetzt, du willst richtig gute Texte schreiben, denn dazu liest du ja diesen Ratgeber. Ein guter Trick ist das Verfassen eines Storyboards, um deine Geschichte zu strukturieren, bevor du anfängst zu schreiben. Folgende Fragen helfen dir, eine Geschichte zu entwickeln.

- Um was geht's?
- Wer ist die Hauptfigur?
- Was ist ihr Konflikt? Was ist passiert? Welches Problem hat sie?
- Wie ist ihre Entwicklung? Wie verhält sie sich am Anfang, wie zum Schluss?
- Wer oder was hilft? Welche Figuren gibt es noch, welche Situationen beeinflussen die Handlung?
- Wo tauchen Probleme oder Gegner:innen auf?
- Wie endet die Geschichte? Was ist die Lösung? Oder gibt es ein offenes Ende?

SCHNEEBALLPLOTTEN

Ideen alleine reichen nicht. Wenn daraus eine gute Geschichte werden soll, musst du sie weiterentwickeln und erzählenswert machen. Dabei hilft es, systematisch vorzugehen, also wie beim Schneemannbauen: Nimm immer mehr Material dazu und baue deine Idee aus, bis du ein passendes Grundgerüst hast. Für einen Roman entsprechend ausführlicher als für eine Kurzgeschichte.

So kannst du Schneeballplotten üben:

1. Formuliere den Plot in einem Satz. Was willst du erzählen, um was geht's?

2. Formuliere den Plot in fünf Sätzen und mit einer überraschenden Wendung für eine Kurzgeschichte bzw. drei Wendepunkten für einen Roman: An welchen Stellen passiert etwas, was die Handlung voranbringt, verändert?

3. Formuliere zu den Hauptfiguren in Bezug zur Storyline (= Handlungsverlauf) je einen Satz: Wie und was erleben sie?

4. Schreibe eine Kurzusammenfassung, entwickle aus jedem Satz deines Fünf-Sätze-Plots fünf weitere Sätze. Formuliere wie eine Inhaltsangabe aus, was du dir jeweils ausgedacht hast.

5. Formuliere jeweils fünf Sätze zur Weiterentwicklung der Hauptfiguren. Was passiert mit ihnen?

6. Schreibe (für einen Roman) eine lange Zusammenfassung, vier Seiten: eine ausführliche Inhaltsangabe.

7. Entwickle Charaktere für jede Figur in deinem Roman (siehe ab Seite 75).

8. Schreibe die Abfolge der Szenen in eine Tabelle: für Fortgeschrittene, die gerne mit Struktur arbeiten. Erstelle dir eine Übersicht und schreibe kapitelweise auf, was an welcher Stelle, in welcher Szene passiert. Wie detailliert du dabei vorgehst, ist Typsache.

Aus meinem Schreibkästchen

Den Inhalt auf ein bis maximal fünf Sätze herunterzubrechen ist jedes Mal eine Herausforderung für mich. Lohnt sich aber immer, weil ich auf diese Weise ganz genau formulieren muss, worum es geht.

Wendepunkte oder Plot-Twist

Kennst du das? Du liest und denkst, ach, wie wunderbar, alles in bester Ordnung, und plötzlich geschieht etwas Unvorhergesehenes und gibt der Handlung eine komplett neue Wendung. Die Hauptfigur ist gefordert, muss etwas tun, sie entwickelt neue Strategien, um weiter bestehen zu können. Es sind genau diese Textstellen, die für Spannung und Abwechslung sorgen und der Grund, weshalb du ein Buch nicht mehr aus der Hand legen willst. Egal, ob du einen Artikel für die Schülerzeitung, einen Roman, eine Kurzgeschichte oder einen Essay schreibst, als Autor:in hast du die Aufgabe, solche Textstellen einzubauen und deine Leser:innen mit deinem Text zu fesseln, für dich einzunehmen. Daher ist es gut, sogenannte Wendepunkte im Auge zu behalten und dir im Vorfeld darüber Gedanken zu machen. Wendepunkte sind nämlich auch immer Marker für die Entwicklungsschritte der Hauptfiguren.

Interessanterweise ähneln sich solche Entwicklungsgeschichten über alle Kulturen hinweg, wie der Mythenforscher Joseph Campell (1904-1987) herausgefunden hat, und folgen einem bestimmten Schema in 12 Schritten. Einfacher ist die 3-Akt-Struktur von Syd Field (1935-2013): Einführung, Höhepunkt, Schluss – ein Prinzip, das du natürlich aus dem Deutschunterricht kennst und das von Generation zu Generation weitergetragen wird. Denn auch diese Struktur hat sich in vielen Geschichten und Romanen bewährt:

Erster, zweiter, dritter Akt
Verliebt, verlobt, verheiratet
Etwas fehlt, jemand sucht, jemand siegt.
Mangel, Kampf, Gewinn

Die Kunst besteht jetzt für dich darin, dir all diese Strukturen anzueignen – und sie kreativ zu gestalten, denn du willst ja nicht nach Schema F schreiben. Planst du eine Geschichte oder einen Roman, hilft dir das dabei, ein spannendes Erzählgerüst zu bauen. Inwieweit du dich daran hältst, ist Geschmackssache. Meistens schreiben wir sowieso unbewusst nach diesem Schema.

Exkurs: Helden- und Heldinnenreise

Schon mal was von der Heldenreise gehört? Damit ist die Entwicklung einer Hauptfigur gemeint, die nach einem bestimmten Schema erfolgt, und zwar über alle Kulturen und Zeiten hinweg. Held:innen ziehen in den Kampf und kehren nach etlichen Abenteuern siegreich zurück, bleiben aber einsam und alleine, weil er bzw. sie die Liebe einem höheren Ziel opfert. Du kennst diese Grundstruktur aus vielen Filmen und Büchern (ältere Beispiele sind Homers Odyssee oder Märchen, neuere Star Wars, Herr der Ringe, Tribute von Panem, Titanic). Du kennst aber bestimmt auch Filme und Romane, in denen Held:innen sich ganz anders verhalten (Harry Potter zum Beispiel). Nämlich nicht als Einzelkämpfer:innen, sondern als gleichberechtigter Teil einer Gemeinschaft für das große Ganze. Nicht in Konkurrenz und Machtkampf, sondern in Liebe, Freundschaft und Wertschätzung, weil der Grundgedanke gilt: Gleichheit für alle, egal, welches Geschlecht, welche Kultur, Herkunft und Religion. Hier ist dann von einer Heldinnenreise die Rede. Der Stereotyp »echte Freundschaft gibt es nur zwischen Männern, Frauen zicken sich eh nur an« ist hier aufgehoben zugunsten eines lauten, einstimmigen »bildet Banden« zwischen den Protagonist:innen. Kein Wunder, dass diese Romane – meist Young Adult oder New Adult – längst an Wert und Bedeutung gewonnen haben, wie viele Beiträge bei #youngbookstagram oder #booktok zeigen.

Der Begriff Held bzw. Heldin bezieht sich in diesem Kontext nicht auf das biologische Geschlecht Mann bzw. Frau, sondern auf unsere Vorstellung davon, wie ein Held bzw. eine Heldin zu sein hat.

Der Begriff Heldenreise basiert auf dem Mythenforscher Joseph Campell und seinem Buch Der Heros in tausend Gestalten *(1949)*

Der Begriff Heldinnenreise basiert auf Gail Garriger und ihrem Buch The Heroine's Journey. For Writers, Readers and Fans of Pop Culture *(2020)*

SPANNUNG, SPANNUNG, SPANNUNG

Alles andere wäre auch langweilig, oder? Also, mit Knall und Wumms rein in die Geschichte und bis zum Schluss steigern! Zwischendurch darf es auch mal einen Tiefpunkt geben (Aschenputtel-Moment), danach muss die Spannung umso steiler wieder ansteigen. Natürlich gibt es auch ruhige Geschichten, die sich durch eine besondere Erzählweise oder Sprachspiele auszeichnen. Die meisten Storys sind jedoch handlungsgetrieben und spielen mit der Erwartungshaltung ihrer Leser:innen.

Das sind die Zutaten für eine spannende Geschichte:

Ziel: Warum erzählst du die Geschichte? Was willst du damit erreichen?
Ausgangssituation: emotional bedeutend, besonders, außergewöhnlich
Hauptfigur: sympathisch, zum Identifizieren

Konflikte und Hindernisse: jede Menge davon, zum Überwinden und daran reifen
Entwicklung: damit ein Vorher-Nachher-Effekt entsteht
Höhepunkt bzw. Auflösung: Fazit, zusammenfassende Bewertung, die Moral von der Geschichte, Erkenntnis

STRUKTUR IST ALLES

Viele Schreibende kämpfen mit der Struktur ihrer Geschichten. Gerade bei umfangreicher und komplexer Handlung ist es nicht einfach, die Ereignisse und Szenen so anzuordnen, dass sie spannend bleiben, ohne dass der Überblick verloren geht. Die folgenden Tipps können dir helfen, den Plot-Dschungel zu lichten und deinen Schreibprozess gut zu strukturieren. Hier findest du jeweils entsprechende Vorlagen.

3-Akt-Struktur für einen längeren Text

Einführung, Konflikt, Lösung, willst du einen längeren Text schreiben, braucht es eine gute Planung und Struktur. Nutze meine Vorlagen als Basis und spiele damit.

Zeitstrahl

Gute Idee, um die Zeitabfolge und wichtige Ereignisse deiner Kurzgeschichte oder deines Romans im Blick zu haben. Ob digital oder gemalt, mit Klebezetteln oder Notizkarten, auf diese Weise kannst du parallele Handlungsstränge kenntlich machen und kommst bei längeren Texten in der Abfolge der Ereignisse nicht durcheinander.

Aus meinem Schreibkästchen

Ich plane meine Romane mithilfe einer Kapitelübersicht und teile mir dann die Handlungsabschnitte ein.

Kapitel

Gerade bei längeren Texten ist es sinnvoll, die Handlung kapitelweise zu unterteilen. Für den Anfang reicht es, die Kapitel zu nummerieren. Möglich sind jedoch kurze oder erzählende Überschriften (was passiert in dem Kapitel), ein Datum, ein Ereignis oder auch ein Zitat (siehe auch Titelfindung, Seite 133).

TIPP ◆ Schreibe alle Szenen und Ereignisse, die für deine Geschichte wichtig sind, auf Karteikarten – pro Szene bzw. Ereignis eine Karte.

◆ Sortiere diese Karten, wie du es für richtig hältst, oder entlang eines Schemas, mit dem du gut zurechtkommst (z. B. 3-Akt-Schema, Heldenreise, Heldinnenreise ...).

◆ Nutze den Fußboden, eine Pinnwand oder eine große Pappe, um deine Karteikarten zu sortieren bzw. deinen Plot aufzuzeichnen.

◆ Erstelle eine »Was noch passieren oder erwähnt werden muss«-Liste und schreibe dort stichpunktartig alles auf, was für deine Geschichte wichtig ist, auch winzige Details.

◆ Schreibe eine kurze Zusammenfassung deiner Geschichte (1-2 Seiten bei Romanen, 1-2 Absätze bei Kurzgeschichten), so, als würdest du jemandem von einem Film erzählen, den du gesehen hast.

- Finde deine Lieblingsszene! Also die Stelle in deiner Zusammenfassung, die unbedingt rein muss, auf die du nicht verzichten möchtest, die dir am meisten bedeutet. Und dann plane und strukturiere deine Story drum herum.

- Sprich mit jemandem! Erzähle von deiner Geschichte und was dich gerade beschäftigt, wo du »hängst«. Reden schafft Klarheit.

Aus meinem Schreibkästchen

Den Tipp mit den Karten verdanke ich meiner Freundin und Autorin Kathrin Lange und ihrer genialen Schreibmethode Plotten für Chaoten.
https://plottenfuerchaoten.substack.com

Such dir eine Farbe aus und schreibe in der Ich-Form ein paar Sätze, die dich in der ersten Person beschreiben: Ich bin orange, voller Lebensfreude und Sonnenenergie …

Charaktere

C wie charismatisch
H wie humorvoll
A wie abenteuerlustig
R wie ruhig
A wie attraktiv
K wie kompliziert
T wie tolerant
E wie ehrenhaft
R wie respektvoll
E wie energisch

BEST FRIENDS

Deine Protagonist:innen sind der Schlüssel zu deiner Geschichte: Deine Leser:innen müssen sie lieben, und im besten Fall möchten sie mit ihnen befreundet sein. Du kennst das Gefühl: Du willst dich in die Gedankenwelt des oder der anderen hineinversetzen, dich mit der Situation identifizieren. Und genau das ist die Kunst: so zu schreiben, dass deine Leser:innen mitfiebern, mitleiden, mitfühlen. Deswegen lohnt es sich, dass du dich intensiv mit ihnen beschäftigst und sie kennenlernst.
Auch Romanfiguren sind nie perfekt, ihnen fehlt etwas, sie sind auf der Suche, wie du und ich. Stecken voller Widersprüche und spontaner Einfälle, Krisen. Deine Figur muss sich entwickeln können und wie im echten Leben Ecken und Kanten haben – sonst wäre es ja langweilig, oder?
Oft sind es einschneidende Erlebnisse, die tiefgreifende Veränderungen auslösen (Liebeskummer, Tod, Rachegefühle), manchmal aber auch der ganz normale Alltagswahnsinn (Pubertät, Prüfungen).

Je genauer du deine Figuren kennst, desto besser wird dein Text!
Gerade bei einer kurzen Geschichte kommt es darauf an.
Diese Fragen helfen, deine Figuren besser kennenzulernen:

- Wie heißt die Figur? Was bedeutet der Name?
- Welcher Generation gehört sie an? Welchen Platz nimmt sie darin ein?
- Wie sieht sie aus?
- Was ist ihre Superkraft?
- Wie sind Familienverhältnisse und soziale, kulturelle Herkunft?
- Wie ist sie in der Schule? Lieblingsfächer? Oder arbeitet sie? Was?
- Welche Musik hört sie?
- Worüber lacht sie?
- Wie sieht ihr Zimmer aus?

- Was isst sie?
- Wen liebt sie? Überhaupt: Liebeskummer?
- Wovor hat sie Angst?
- Was ist ihr Geheimnis?
- Was macht sie, wenn sie wütend ist?
- Wie geht sie mit Streit und Konflikten um?
- Welche Apps nutzt sie?
- Was will deine Figur in der Geschichte? Was ist ihre Motivation? Ihre Vergangenheit?
- Was sind ihre Stärken, ihre Schwächen? Ihre liebenswerten Macken? Nobody is perfect!

STECKBRIEF

Steckbriefe und die Fragen nach persönlichen Vorlieben kennst du vermutlich von deinen Freund:innenbüchern. Wie wäre es, wenn du so einen Steckbrief für die Figuren deiner Geschichte entwickelst und ausfüllst? Immer in Bezug zur Handlung. Es ist Geschmackssache, ob du dir im Vorfeld schon ganz viele Gedanken zu deinen Protagonist:innen machst oder den Steckbrief während der Arbeit an deinem Text ausfüllst. Die intensive Auseinandersetzung mit deiner Figur verleiht deiner Geschichte jedoch Tiefe und Qualität. Auch wenn du später nicht jedes Detail ausschmückst oder übernimmst, spüren deine Leser:innen, wie gut du deine Figuren kennst. Als Gedankenstütze fertige eine Skizze an. Oder suche nach passenden Fotos.

Steckbrief

Ergänze den Steckbrief um deine eigenen Fragen, z.B. nach Geschwistern,

Geburtsdatum, Lieblingsessen oder -musik. Wie reagiert sie auf Streit? Was bereitet ihr schlechte Laune? Hat sie eine Allergie? Wie spricht sie? Je nach dem, was dich besonders interessiert.

Aus meinem Schreibkästchen

Ich lerne meine Figuren erst während des Schreibens besser kennen und lieben. Und dann am Ende bin ich jedes Mal wahnsinnig traurig, wenn ich mich von ihnen verabschieden muss.

NAMEN

Die Sache mit den Namen kennst du bereits, aber jetzt geht es nicht um dich, sondern um die passenden Namen für die Personen in deiner Geschichte. Vielleicht fällt dir sofort der richtige Name ein, vielleicht hast du eine Vorstellung, wie er klingen oder wirken soll. Vielleicht aber hast du dir bis hierher noch keine Gedanken darüber gemacht, dass Namen eine besondere Rolle spielen. Sei versichert: Kein Name in der Literatur ist zufällig gewählt! Die allermeisten Autor:innen denken sehr lange darüber nach.
Ein witzig geschriebener Text wirkt viel unterhaltsamer, wenn die Namen ebenfalls lustig und lautmalerisch klingen. Aber auch hier gilt: nicht übertreiben.
Spielt deine Geschichte in Italien, bieten sich natürlich (aber nicht zwingend) italienische Namen an, für Fantasy entsprechend fantasievolle Namen. Oder du wählst den Namen so, dass er bereits deine Figuren charakterisiert und die Eigenschaften nennt. Das sind sogenannte sprechende Namen wie Karla Kolumna, die Reporterin bei Benjamin Blümchen (Kolumnen sind kurze

Beiträge in Zeitungen) oder Homo Faber von Max Frisch (bedeutet Technik Mensch und genau das ist der Konflikt der Person). Auch bei Harry Potter wimmelt es vor lauter sprechenden Namen: Severus Snape ist der strenge Lehrer (severus ist Latein und bedeutet streng, to snap jemanden schnappen). Sirius Black, der für einen gefährlichen Mörder gehalten wird und eigentlich auf der Seite von Harry steht, trägt den Widerspruch in seinem Namen: Sirius ist der hellste Stern am Nachthimmel, black ist schwarz. Zudem ist Sirius auch als Hundestern bekannt – und Sirius Black kann sich in einen Hund verwandeln. Noch ein Beispiel: Baron Lefuet in *Timm Thaler* von James Krüss ist teuflisch böse – Lefuet rückwärts gelesen bedeutet … genau: Teufel.

Aus meinem Schreibkästchen

Bevor ich meine Hauptfiguren nicht »getauft« habe, kann ich nicht anfangen zu schreiben. Ich muss immer wissen, wie sie heißen!

ü

- **Lege dir eine Liste mit außergewöhnlichen Nachnamen zu.**
- **Sammle Namen aus anderen Sprachen und schaue nach, was sie bedeuten.**
- **Suche sprechende Namen aus deinen Lieblingsbüchern.**

i *Namen findest du überall: In Anzeigen, in Klassenlisten, in Sozialen Netzwerken, im Telefonbuch und/oder Vornamen auf entsprechenden Websites im Internet.*

i *Verwende nie den Namen einer dir bekannten Person oder erzähle ihre Geschichte und schon gar nicht verfälschte Inhalte. So oder so solltest du vorher explizit um Erlaubnis fragen. Denn auch wenn vieles durch die Kunstfreiheit gedeckt ist, kann es zur Verletzung von Persönlichkeitsrechten kommen.*

EIGENSCHAFTEN

Ein guter Text lebt von einzigartigen Figuren. Egal, ob sympathisch oder nicht. Und obwohl es beim Erzählen immer wieder um Eigenschaften geht, besteht die Erzählkunst darin, ohne allzu viele Eigenschaftswörter auszukommen. Natürlich machen es Adjektive wie klein, pfiffig oder kreativ einfach, eine Person zu beschreiben. **Interessanter wird es erst, wenn Größe, Gewitztheit oder Haarfarbe in deinem Text inhaltlich eine Rolle spielen.** Außerdem möchten sich deine Leser:innen gerne selbst ausmalen, wie deine Figuren aussehen, auch wenn wir mit manchen von ihnen Erwartungen verknüpfen. Denn irgendwann und irgendwo haben wir diese Stereotype schon mal gesehen:

Meerjungfrauen zum Beispiel haben lange Haare und eine schmale Taille, Detektive sind meist Spürnasen und haben irgendwelche Besonderheiten oder Ticks, pubertierende Mädchen finden Pickel peinlich und schwärmen für einen süßen Typen. Allerdings sagen Äußerlichkeiten wie blonde Haare, braune Augen, Pickel oder dicke Bäuche überhaupt nichts über die jeweilige Person aus. Wir haben uns jedoch angewöhnt, mit entsprechenden Körperkommentaren Personen zu beschreiben und einzuordnen. Wir sind von Stereotypen geprägt. Wie oft liest du von lustigen, tollpatschigen Dicken und attraktiven, schlanken Influencerinnen? Selbst wenn durch die Bodypositivity-Bewegung darauf aufmerksam gemacht wird, dass jeder Körper schön ist, wie er ist, sehen und lesen wir andere Bilder: In Werbung und Sozialen Medien hat sich ein Idealbild an Schönheit und normschönen Körpern herausgebildet, gegen das es anzuschreiben gilt.

Finde jeweils 10 Charaktereigenschaften für folgende Berufe (m/w/d), die nichts (!) mit Äußerlichkeiten zu tun haben.

- **Bauarbeiterin** ...

...

- **Ritter** ...

...

- **Gemüseverkäufer** ...

...

- **Pizzabäckerin** ...

...

- **Hausmeister** ...

...

- **Polizistin** ...

...

- **Lehrer** ...

...

- **Clownin** ...

...

Namen-Bingo!

Finde einen Namen für eine Person, die …

… niemals aufgibt. ....

… mutig ist. ....

… Selbstverteidigung kann. ....

… auch schwache Momente kennt. ....

… Nein sagen kann. ....

… starke Sprüche draufhat. ....

… auch mal Grenzen überschreitet. ....

… fair streiten kann. ....

… ihre Rechte kennt. ....

… für sich einsteht. ....

… ihre Stimme erhebt. ....

… ihre Meinung vertritt. ....

…

WER LIEBT WEN?

Ohne Liebe geht es nicht. Und egal, ob du einen Liebesroman, einen Thriller oder eine Kurzgeschichte schreibst, es geht um die Liebe zu deinen Figuren und die Liebe oder Nicht-Liebe zwischen deinen Figuren.
Liebe ist ein großes Gefühl, das uns nährt und Kraft und Leidenschaft gibt. **Liebe ist der Antrieb für alles.** Auch fürs Erzählen – und warum alle deine Figuren miteinander in Konflikte geraten (oder auch nicht). Denn selbstverständlich sind die Nebenfiguren in einem Roman nicht einfach uninteressante Nebenfiguren. Manchmal sind sie nur ein »sidekick«, eine Witzfigur, manchmal spielen sie eine wichtige Rolle, weil dank ihnen die Handlung eine entsprechende Wendung nimmt. Es ist also wichtig, eine genaue Vorstellung zu haben, in welcher Beziehung deine Charaktere zueinander stehen. Dabei spielen natürlich die verwandtschaftlichen Verhältnisse eine Rolle, vor allem aber die emotionalen und wirtschaftlichen Abhängigkeiten voneinander. Teilen sie Geheimnisse, Leidenschaften, Eigenschaften? Trennt sie Feindschaft, Kultur, Religion? Ändert sich das im Laufe der Geschichte und wenn ja, wodurch? All diese Fragen gilt es im Vorfeld zu klären oder während des Schreibens im Blick zu behalten.

Bei Beziehungen gibt es zwei elementare Fragen:
Wie und warum treffen sie sich?
Wie und warum trennen sie sich?

Finde Beispiele für:

- **Mutter und Kind**
- **Vater und Kind**
- **beste Freund:innen**
- **Opfer und Täter**
- **Liebespaar**
- **Feind:innen**

ü Schreibe über deine beste Freundin, deinen besten Freund (aber zeige ihnen den Text nicht!). Wie fühlst du dich in ihrer Nähe? Was ist wertvoll an eurer Freundschaft, was nervt dich? Woran spürst du, dass ihr Freund:innen seid?

ENTWICKLUNGSSCHRITTE

Ohne Konflikt keine Geschichte. So einfach ist das. Über die Motivation und Hintergründe deiner Figuren hast du dir jetzt schon genügend Gedanken gemacht. Nun geht es darum, in welchen Schritten sie das herausfinden. Und zwar so, dass es erzählenswert ist, denn der Weg ist das Ziel. Niemand ändert von heute auf morgen seine Gewohnheiten und Charaktereigenschaften, das ist immer ein Prozess. Und meistens brauchen wir eine Weile, um zu kapieren, was da gerade los ist.

Ein Sprichwort sagt: Alle sieben Jahre rückt sich das Kleid des Lebens zurecht! Wenn wir unsere Lebensphasen entsprechend einteilen, lässt sich das schnell bestätigen: Geburt – Einschulung – Pubertät – Volljährigkeit – Beruf – Familie ... Interessant sind vor allem diese Übergänge, die etwas mit uns Menschen machen und zu denen jeder und jede von uns etwas erzählen kann. Diese besonderen Momente aufzuspüren – genau darum geht es: Wodurch wurden sie ausgelöst, was ist in der Folge passiert, was hat sich verändert? Keine Sorge, um das herauszufinden, brauchst du kein Psychologiestudium. Nur ein bisschen Einfühlungsvermögen und Interesse an Menschen.

Natürlich gibt es auch einschneidende Erlebnisse und tragische Unfälle, die Persönlichkeiten verändern und den Charakter eines Menschen beeinflussen. Aber neben den äußeren Einflüssen gibt es so etwas wie ein biologisches Programm, das uns im Leben begleitet und in Sieben-Jahres-Zyklen eingeteilt werden kann.

i *Während der Pubertät verändert sich vieles, du reifst vom Kind zum Erwachsenen, und entsprechend bilden sich deine Geschlechtsmerkmale heraus. Nichts ist mehr, wie es einmal war, und meistens dauert es eine Weile, bis man sich in diesem neuen Körper zurechtfindet, der plötzlich stinkt, pickelig ist, blutet, sexuelle Empfindungen hat. Kein Wunder, dass sich viele Jugendromane mit diesem Thema beschäftigen: »coming-of-age« bezeichnet genau diese Entwicklung. Klassischerweise geht es also um Kindheit, Liebe, Sex, Drogen, Familie und Reisen.*

ü

- **Erinnere dich an deine Einschulung und schreibe auf, was für dich an diesem Tag prägend war!**
- **Wie hast du Fahrrad fahren (schwimmen, balancieren, inlinern) gelernt?**
- **Was hast du von deinen Eltern geerbt, wem bist und siehst du ähnlich?**
- **Schreibe über deinen ersten Pickel!**
- **Woran merkst du, dass du erwachsen wirst?**
- **Erzähle jemandem von den Besonderheiten deiner Generation.**

Perspektivwechsel für dich!
Schreibe einen Liebesbrief an dich selbst. Schwärme aus der Sicht eines verliebten Gegenübers in den höchsten Tönen von dir, erzähle, was du Tolles kannst, wofür du dich bewunderst.

Perspektive

P wie Persönlichkeit
E wie Echo
R wie Reizüberflutung
S wie Schlüsselloch
P wie Porträt
E wie Erfolg
K wie Komma
T wie Toleranz
I wie Interesse
V wie Vogel
E wie Eigensinn

AUF DIE PERSPEKTIVE KOMMT ES AN

Je nachdem, wie du deine Geschichte erzählst, verändert sich die Handlung. Deswegen geht es in diesem Kapitel weniger um die genaue Abfolge der Szenen, sondern um die Art und Weise, WIE du erzählst und welche Erzählperspektive du dafür wählst.

Das Wort Perspektive bedeutet so viel wie Blickwinkel, aus dem man einen Gegenstand im Raum betrachtet. **Je nachdem, wo du gerade stehst und beispielsweise dein Bett in deinem Zimmer betrachtest, siehst du etwas anderes, nimmst du ein anderes Detail wahr, hast du andere Empfindungen.** Bei der *Froschperspektive* siehst du die Welt von unten, wie wenn du auf dem Bauch (oder auf dem Rücken) liegst. Details werden plötzlich groß, du blickst auf zu den Dingen und fühlst dich selbst ganz klein. Bei der *Vogelperspektive* ist das genau andersherum: Du nimmst alles aus großer Höhe wahr und hast den Überblick über das große Ganze, Details siehst du jedoch nicht mehr besonders gut. Bei der *Schlüssellochperspektive* siehst du nur einen Ausschnitt, du hast nur einen begrenzten Blick auf alles.

Beim Geschichtenerzählen spielt die Erzählperspektive also eine wichtige Rolle. Je nachdem, welche Position du dabei wählst, beeinflusst du die Handlung ebenso wie die Wahrnehmung deiner Leser:innen. Der Perspektive, genauer gesagt: Dem Erzähler, der Erzählerin kommt eine besondere Rolle zu, und es lohnt sich, hierüber ein bisschen nachzudenken und es auszuprobieren. Je nachdem, wie nah dran oder weit weg ein Erzähler von dem Geschehen ist, werden Leser:innen zu Beobachter:innen oder Beteiligten gemacht.

Du kannst also von vornherein durch die Wahl der Erzählperspektive entscheiden, wie sehr du deine Leser:innen in die Geschichte emotional mit hineinziehst: Bei einem Krimi kann es spannend sein, verschiedene Blickwinkel auf das Geschehen zu kennen. Bei einer Mobbing-Geschichte interessieren ganz bestimmt nicht nur die Gefühle und die Gedanken des Opfers, sondern auch die des Täters, der Täterin.

Schau dich um und suche einen Gegenstand in der Nähe. die Wanduhr, die Glühbirne, die Gardine, dein Handy ... Dann erzähle drei Geschichten.

1. Beschreibe den Gegenstand wie in einem Rätsel, also ohne seinen Namen zu nennen.

2. Schreibe aus der Perspektive dieses Gegenstandes über ihn und seine Gefühle.

3. Schreibe eine Liebeserklärung an diesen Gegenstand (und übertreibe ordentlich).

Geh in den Park oder in den Garten und lege dich auf den Boden. Beobachte genau, was ringsum passiert. Was siehst du aus deiner Perspektive?
Dann stelle dich auf eine Bank oder auf eine Mauer. Was siehst du jetzt? Was hat sich verändert?
Nun rolle ein Stück Papier und schaue dir deine Umgebung durch das »Fernrohr« an.
Schreibe jeweils auf!

Es passiert mir immer wieder, dass ich erst verschiedene Perspektiven ausprobieren muss, bevor ich den richtigen Erzählton für meine Story finde.

DIE ICH-PERSPEKTIVE

Sie ist die naheliegendste aller Perspektiven, denn du erlebst sie tagtäglich: Immer, wenn du erzählst, was du heute erlebt und getan hast, wählst du die Ich-Perspektive. Sie ist dir also am geläufigsten. Aus der Ich-Perspektive zu erzählen bedeutet jedoch nicht, dass du die Geschichte auch erlebt haben musst. Denn Autor:in und Erzähler:in sind nicht immer dieselbe Person. Mit der Ich-Perspektive kannst du dich besonders gut in eine andere Person hineinversetzen und ihre Gedanken und Gefühle nachempfinden. Gute Ich-Erzählungen wirken immer glaubwürdig und authentisch! Eben weil sie subjektiv eine Meinung vertreten und eine eingeschränkte Sicht auf die Dinge haben, die wir alle kennen und mit denen wir uns deshalb identifizieren können. Die Ich-Perspektive ist also ein super Erzähltrick!

Jeden Morgen kam ich zu spät zur Schule. Ich bekam Einträge wegen meiner Unpünktlichkeit, und es gab blaue Briefe an meine Eltern. Hätten sie gewusst, dass ich ein Mädchen kennengelernt habe, das auf der Straße lebt …

i *Autor:in und erzählendes Ich: Gar nicht so einfach zu verstehen. In Wirklichkeit schreibt ein und dieselbe Person, aber nicht gleichzeitig. Es sind immer zwei! Du als Autor:in leihst deiner Figur deine Stimme.*

ü **Suche dir eine Er- oder Sie-Erzählung und schreibe sie neu und in deinen Worten in der Ich-Perspektive.**

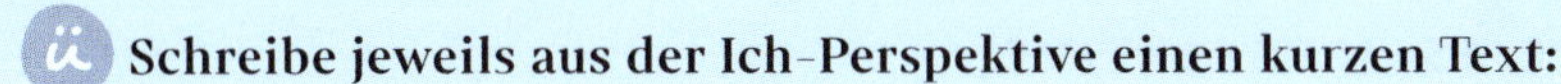

Schreibe jeweils aus der Ich-Perspektive einen kurzen Text:

1. **Über etwas, was du selbst erlebt hast.**
2. **Über etwas, was real ist, du dir aber ausdenkst.**
3. **Über ein fantastisches Ereignis.**

TIPP Die Ich-Perspektive eignet sich besonders gut für alle emotionalen Erlebnisse.

Versetze dich in die Lage von anderen (Opa, Baby, Junge, Mädchen, Wolke, Katze etc.), spiele ihre Rolle, sprich und handle wie sie.

Welche Person wärst du gerne? Erzähle als Person XY aus deinem Leben. Male deine Geschichten in den schönsten Tönen aus!

Schreibst du Tagebuch? Wenn nicht, ist jetzt eine gute Gelegenheit, damit anzufangen.

ER/SIE/ES-PERSPEKTIVE

Während die Ich-Perspektive also ganz nah dran am Geschehen ist und eine persönliche, subjektive Meinung des Erlebten erzählt, bietet die Er/Sie/Es-Perspektive (man nennt sie auch auktoriale oder allwissende Erzählperspektive) eine gewisse Distanz. Mehr noch: Weil eine Begebenheit aus unterschiedlichen Blickwinkeln betrachtet werden kann, erscheint sie uns auch »echter«. Das liegt daran, dass wir es gewohnt sind, genau aus dieser Perspektive Alltagserlebnisse erzählt zu bekommen. Erzählungen bzw. Berichte aus der Er/Sie/Es-Perspektive sind also weniger persönlich, dafür bieten sie einen umfassenden Blick auf das Geschehen – von außen.

Jeden Morgen kam Jana zu spät zur Schule, niemand wusste warum. Die Lehrerin war ungehalten, es gab Einträge wegen ihrer Unpünktlichkeit und blaue Briefe an die Eltern. In Wahrheit hatte sie sich mit einem obdachlosen Mädchen angefreundet …

Erzähle von dir in der Perspektive des allwissenden Erzählers, der allwissenden Erzählerin. Was weiß er/sie über dich, über andere Personen in deinem Umfeld?

PERSONALER ERZÄHLER

Es gibt einen beliebten erzählerischen Trick, mit dem es dennoch persönlicher wird: der Blick des Erzählers ins Innere seiner Figur, er ist also ganz nah dran an dieser einen Person, versetzt sich in ihre Lage, erzählt und erlebt alles nur aus ihrer Sicht, als blicke er durch eine Kamera. Ist aber nicht allwissend. Das nennt man personale Erzählung. Die Herausforderung dabei ist, das Geschehen wirklich nur aus dieser einen Perspektive heraus wahrzunehmen und zu erzählen, ohne dabei in die Rolle des allwissenden Erzählers zu rutschen.

Jeden Morgen kam sie zu spät zur Schule, niemand wusste warum. Es gab Einträge wegen ihrer Unpünktlichkeit und blaue Briefe an die Eltern. Aber sie erzählte niemandem von ihrer Begegnung mit dem Straßenmädchen …

ü **Setz dir eine Taucherbrille auf und nimm wahr, was du jetzt alles siehst, wenn du dich in deinem Zimmer umschaust, den Kopf drehst, auf und ab schreitest. Genau das ist die Perspektive des personalen Erzählers, wenn er in diesem Moment deine Geschichte aufschreiben würde.**

i *Der allwissende Erzähler kann alle Perspektiven einnehmen, tut so, als wisse er über alles Bescheid und man müsse ihm als Leser:in alles glauben, dabei wissen wir doch längst:* **Jede Geschichte ist erfunden! Erzählen ist Lügen …**

ERZÄHLZEIT, ERZÄHLTE ZEIT UND ZEITENWAHL

Zeit spielt eine wichtige Rolle beim Erzählen, denn sie bestimmt sowohl das Tempo als auch die Atmosphäre deiner Geschichte. Deshalb lohnt sich ein genauer Blick auf die verschiedenen Faktoren, die dabei eine Rolle spielen. Die **Erzählzeit** bezeichnet die Zeitspanne, die du zum Lesen eines Textes, einer Geschichte brauchst, also wie lange du mit einem Buch beschäftigt bist. Unter der **erzählten Zeit** versteht man den Zeitraum, über den sich deine Geschichte inhaltlich erstreckt. Das können ein Vormittag, ein Tag, eine Woche oder mehrere Jahre sein. Dann ist es besonders wichtig, dass du die Chronologie der Ereignisse im Blick behältst und die Reihenfolge nicht durcheinanderbringst. Besonders spannend wird es, wenn du die Handlung abwechselnd aus zwei Perspektiven erzählst und man als Leser:in das Gefühl der Gleichzeitigkeit bekommt – wie im echten Leben, wo wir Menschen ja immer simultan Dinge erleben. Wir können sie aber immer nur linear, also der Reihe nach erzählen.

Die **Zeitenwahl**, also ob du in der Vergangenheit, Zukunft oder Gegenwart erzählst, beeinflusst beim Lesen die Wahrnehmung und stellt meistens einen Bezug zum Inhalt her. Das Präteritum wird eher für traditionellere und erzählerische Texte gewählt, in denen Inhalt und Handlung ausgeschmückt werden. Egal, ob es ein Ich- oder ein Er-Erzähler ist. Geschichten im Präsens wirken direkter auf die Lesenden und stellen eher einen Bezug zur Gegenwart her.
Probiere aus, welche Zeitform zu deiner Geschichte passt und in welchem Zeitraum sie spielt. Entsprechend musst du deine Erzählweise anpassen.

i *Alles, was in der Vergangenheit stattgefunden hat und entsprechend erzählt wird, kann aus der Distanz heraus reflektierend erzählt werden. Erzählst du im Präsens, haben deine Leser:innen das Gefühl, unmittelbar dabei zu sein.*

ü Schreibe ein und denselben Text in der Vergangenheit bzw. Gegenwart. Welche Erzählperspektive wählst du? Was fällt dir auf?

ü Erzähle eine langweilige Geschichte. So langweilig, dass du schon beim Schreiben am liebsten einschlafen würdest. Dann schreibe die Geschichte um und erzähle sie im dreifachen Tempo. Wähle dabei »schnelle« und »langsame« Verben, wie zum Beispiel diese: flitzen, hetzen, rasen oder schlendern, trödeln, schlurfen.

ü Schreibe gegen die Zeit an! Dein Timer ist ein prima Motivator. Nimm dir immer 10–20 Minuten für eine Übung aus diesem Buch. Wenn du einen längeren Text fertigschreiben sollst und Schwierigkeiten hast, dich zu motivieren, schreibe im Dreivierteltakt. Bedeutet: eine Dreiviertelstunde lang konzentrieren und dann eine Viertelstunde Pause machen.

DIALOGE

Ein guter Trick, um trotz auktorialer Erzählweise ins Innere der Figuren zu schauen, sind Dialoge. Denn die Art und Weise, wie wir reden, gibt Aufschluss über Wesen und Charakter und sagt mehr als jede äußere Beschreibung oder Handlung. **Mit Dialogen hauchst du deinen Figuren Leben ein!** Außerdem sorgst du dafür, dass deine Geschichte als real und unmittelbar erlebt wird. Dialoge signalisieren auch, dass etwas Wichtiges passiert, was die Handlung vorantreibt. Deine Figuren beziehen Position, sagen ihre Meinung unverblümt. Es ist also klug, ihnen wichtige Sätze in den Mund zu legen und sie nicht als Erzähler:in zusammenzufassen. Gleichzeitig können zu lange Dialoge über mehrere Seiten auch furchtbar langweilen.

Gute Dialoge zu schreiben ist eine Kunst für sich. Das merkst du rasch, wenn du versuchst, dich von echten Dialogen inspirieren zu lassen, sie sind selten gut, geschweige denn spannend. Menschen reden unterschiedlich, die einen schnell, andere langsam, nuscheln, verwenden Fremdwörter oder sprechen im Dialekt, hören mitten im Satz auf, nutzen Klischees, verwenden äh und mmh oder Anglizismen, wiederholen sich ständig …
Du musst also ein Gespräch konstruieren und es dabei so echt wie möglich wirken lassen. Das bedeutet: unvollkommen zu schreiben, obwohl Autor:innen perfekte Sätze liefern sollen. Doch **es kommt auf das Wesen der Figuren an, wie wir sie sprechen lassen.**

TIPP ◆ Lass die Sätze echt klingen.
◆ Jede, jeder spricht anders – auch in deinem Text.
◆ Lege deinen Figuren nicht deine Meinung in den Mund.
◆ Setze Umgangssprache, Dialekt, Fremdwörter sparsam ein.
◆ Schimpfwörter lesen sich nie charmant, aber manchmal muss es eben doch sein …
◆ Dialoge sind Szenen. Das bedeutet: im spannendsten Moment aufhören.
◆ Lies dir oder jemand anderem Dialoge laut vor, dann merkst du, wenn es »holpert«.

Was haben sich die Figuren in deiner Geschichte zu sagen? Schreibe alles auf!

Wenn zwei sich streiten ... Schreibe ein Streitgespräch zwischen

- **zwei Geschwistern, es geht um das letzte Eis im Gefrierfach.**
- **zwei Personen, eine hat sich vorgedrängelt.**
- **zwei Freudinnen, sie sind in dieselbe Person verliebt.**

Erzähle von einer Person im Supermarkt. Was macht sie dort? Drei Zeilen genügen. Lass dann eine weitere Person auftreten. Über was unterhalten sie sich? Schreibe einen Dialog.

Aus meinem Schreibkästchen

Ich schreibe immer ganz viele Dialoge und streiche dann die Sätze bis auf das Wesentliche zusammen. So entsteht das berühmte »zwischen den Zeilen«.

SEI LIVE DABEI!

»Show, don't tell« lautet ein Tipp aus der Filmbranche, wenn es darum geht, möglichst authentisch und emotionsreich rüberzukommen. Klar, im Film müssen Schauspieler:innen in erster Linie Gefühle zeigen, statt sie zu sagen bzw. zu erzählen. Für einen Text funktioniert es ein bisschen anders: **Erzähle, um was es geht, aber beschreibe die Gefühle nicht nur!** Durch Dialoge oder Handlungen können deine Leser:innen die Gefühle nachempfinden. Denn egal, welche Erzählfunktion du einnimmst, sei am besten immer ganz nah an deinen Figuren und ihrem Innenleben dran.
Nimm mit allen Sinnen deine Umgebung wahr – und gib sie so detailgetreu wie möglich wieder. Deine Leser:innen müssen den Sommerregen auf der Haut spüren, den Fischgestank riechen, die Schokolade schmecken. Der Liebeskummer muss ihr Herz zerreißen, sie müssen vor Freude Luftsprünge machen, vor Mitgefühl einen Kloß im Hals haben. Oder anders: Deine Leser:innen sind nicht Zuschauer des Geschehens, sondern werden direkt in die Szene hineingeholt, wenn es dir gelingt, ihr Kopfkino anzuschalten. Es geht also darum, so emotional wie möglich zu erzählen, keinen Sachbericht zu schreiben, sondern über ein Erlebnis, das alle mitfiebern lässt. Handlung, Gefühle, Abläufe und Geschehnisse müssen unmittelbar erlebbar sein. **Deine Leser:innen müssen das Gefühl haben, selbst Teil deiner Geschichte zu sein!** Damit das gelingt, musst du genau hinspüren und -schauen und versuchen, durch dein Schreiben so viele Bilder wie möglich im Kopf der anderen zu erzeugen.

ü Es spricht überhaupt nichts gegen kurze und prägnante Aussagen wie die folgenden. Manchmal ist weniger mehr. Probiere mal aus, wie folgende Sätze ausgeschmückt werden können:
Sie hatte Angst.
Ihm war übel.
Sie lag im Bett.
Der Hund bellte.
Tanita war faul.

Stell dich im Park oder Garten auf eine Wiese, schließe die Augen und nimm mit allen Sinnen wahr, was du hörst und fühlst. Was riechst du? Woran erinnert dich der Geruch? Wie fühlt sich die Luft auf deiner Haut an? Dann öffne die Augen und schau genau hin: Was hat dein Interesse geweckt? Auf welches Detail achtest du am meisten? Nimm dir anschließend zehn Minuten Zeit und schreibe deine Gedanken und Gefühle auf.
Variante: Geh an unterschiedliche Orte (Schwimmbad, Bahnhof, Haltestelle) und wiederhole die Übung.
Noch eine Variante: Was siehst du erst auf den zweiten Blick?

In unserem emotionalen Erfahrungsgedächtnis sind Erinnerungen mit allen Sinnen abgespeichert. Deswegen löst der Geschmack von Erdbeeren Kindheitserinnerungen an die Sommerzeit bei Oma aus, der Geruch von Kerzenwachs an Weihnachtsabende, Schokolade auf der Zunge an gemütliche Lesestunden (bei mir zumindest).

Wie schmeckt etwas? Wie fühlt sich etwas an? Um das besser erzählen zu können, versetze dich in die jeweilige Lage.

- Lutsche einen Eiswürfel.
- Laufe barfuß über Kieselsteine.
- Iss ein Brause-Ufo.
- Pikse dich in den Finger.
- Fasse in eine Dose Champignons.
- Streichle dich mit einer Feder.

Nimm einen Schuhkarton, gestalte und bemale ihn nach deinem Geschmack. Sammle darin ab sofort Dinge, die du magst (Erinnerungsfotos, Lieblingsschokolade, Sticker, Duftöl, Witze, einen Liebesbrief an dich selbst, Spielfiguren, Postkarten …). Wenn es dir mal nicht so gut geht, sorgt der Inhalt deiner »Goodie-Kiste« ganz bestimmt wieder für bessere Laune!

Orte

O wie oben

R wie Raum

T wie träumen

E wie einsam

»MAGISCHE« ORTE

Egal, welchen Text du schreibst und worüber, es gibt immer einen Ort, an dem deine Geschichte spielt. Manchmal auch gleich mehrere, manchmal kaum bemerkbar und atmosphärisch spürbar im Hintergrund. Aber gedanklich »verorten« wir beim Lesen eine Geschichte immer. Egal, ob sie im Klassenraum spielt oder in der Stadt, in unserer Fantasie, in einem unbeschreiblich schönen Land oder einfach nur von einer Person erzählt: **Das Drumherum spielt eine wichtige Rolle, und je intensiver du dich mit dem Setting und der Atmosphäre beschäftigst, desto besser wird dein Text.**

Um ein Gespür für die Atmosphäre und deren Bedeutung zu bekommen, schreibe einmal DEINE Lieblingsorte auf! Nimm dir Zeit dafür. Welche Orte spielen für dich in deinem Leben und im Hier und Jetzt eine wichtige Rolle? Orte können übrigens im übertragenen Sinne gemeint sein, sie müssen nicht immer greifbar sein. Das Internet zum Beispiel ist ein virtueller Ort. Oder der Raum, in dem ich mich innerhalb meiner Familie und Freund:innen bewege.

ü **Erstelle ein ABC deiner magischen Orte. Suche zu jedem Buchstaben einen Ort, mit dem du persönlich etwas Besonderes verbindest.**

Aus meinem Schreibkästchen

Das ABC der »magischen« Orte ist meine absolute Lieblingsübung! Bei mir klingt das so:

TIPP Wenn du eine Geschichte schreibst, kannst du dir auf diese Weise das Setting erarbeiten. Bei mir wären die Verknüpfungen:

Abendbrottisch (wenn alle zusammen sind)
Bett (mein safe space)
Centralstation (hier veranstalte ich das Jugendliteraturfestival *Huch, ein Buch!*)
Darmstadt (hier bin ich aufgewachsen, hier lebe ich)
Erdbeerfeld (yummie)
Flugzeug (über den Wolken)
Gartensessel (Lieblingsort)
…

SPRECHENDE ORTE

Manche Wörter erzählen gleich ganze Geschichten: Schwimmbad zum Beispiel oder Corona oder Zeugnisvergabe. Weil wir diesbezüglich in unserem Kulturkreis alle ähnliche Erfahrungen gemacht haben, verbindet jede:r von uns ein persönliches Erlebnis mit diesen Begriffen und kann aus dem Stegreif etwas darüber erzählen. Ganz ähnlich funktioniert das mit Orten, die die meisten von uns kennen oder mit denen wir bestimmte Gefühle und Sehnsüchte verbinden. Vielleicht aber auch eine persönlich erlebte Geschichte. Beim Zahnarzt waren wir alle schon mal und im Supermarkt oder unter der Dusche auch. Es ist also keine große Kunst, solche Gemeinplätze zu finden, denn dazu musst du nur einmal gründlich nachdenken und solche Orte sammeln. Eine Herausforderung ist es allerdings, diese zu erzählen. Und zwar so, dass deine Leser:innen sie wiedererkennen, sich damit identifizieren, aber auch nicht gelangweilt davon sind.

- Welche sprechenden Orte fallen dir ein? Ein paar Beispiele zur Inspiration: Klo, Bett, Meer, Schulhof, U-Bahn, Weihnachtsmarkt, Buchhandlung, Tunnel ...
- Beschreibe (d)einen Ort in Form eines Sachberichts.
- Dann schau genauer hin: Wie fühlt er sich an? Was gibt es alles an diesem Ort? Welche Details fallen dir auf? Was fehlt, was ist alt, was besonders? Was könnte hier passiert sein?
- Erzähle diesen Ort aus verschiedenen Perspektiven! Was verändert sich, welche Unterschiede tun sich auf?
- Spiel mit den Erwartungshaltungen und erzähle einen Zahnarztbesuch mal ganz anders. Baue Überraschungsmomente ein oder überlege dir totalen Quatsch.

ROAD MOVIE

Ein echtes Roadmovie spielt auf der Straße, der Name sagt es. Es handelt von Freiheit, von der Suche nach Identität. Die Figuren sind ständig unterwegs, es gibt kaum Stillstand, alles ist in Bewegung. Der Begriff stammt aus der Filmbranche und lässt sich gut auf Bücher übertragen. Das Prinzip entspricht dem der Helden- und Heldinnenreise und ist immer das Gleiche. Wenn sich deine Erzählfiguren auf Entdeckungstour begeben – egal, ob innere Reise oder real von Ort zu Ort –, ist es wichtig, dass du ihre einzelnen Stationen kennst und mit der jeweiligen Situation vertraut bist. Überlege dir die Reiseroute, schreibe und zeichne sie auf. Das hilft dir beim Entwickeln der Charaktere, weil du sie jeweils in Bezug setzen kannst. In welchen Etappen geschieht deine Geschichte? Was erleben die Figuren an welcher Stelle?

Gleichzeitig behältst du den Überblick über den Verlauf deiner Geschichte. Wenn du selbst gerne verreist und viel unterwegs bist, fällt es dir sicher leicht, die ständigen Ortswechsel nachzuvollziehen und darüber zu erzählen. Du kannst dich aber auch gut hineinträumen (was sowieso immer das Schönste ist) und dir deine Lieblingsroute zusammenstellen, die deine Hauptfiguren später bereisen sollen. Für ein Roadmovie musst du also nicht nur über einen Ort ganz viele Informationen sammeln, sondern zu ganz vielen. Und natürlich spielt jeder Ort seine ganz eigene Rolle in deiner Story!

ü Begib dich selbst auf die Reise! (Mit Erlaubnis deiner Eltern selbstverständlich.) Ob zu Fuß, mit dem Fahrrad, Bus oder Zug: Steig einfach ein, und los geht's! Notiere deine Erlebnisse von unterwegs. Welchen Menschen begegnest du? Wie fühlst du dich? Was findest du? Nimmst du jemanden mit?

ü Auf der Suche nach Ari – Deine Hauptfigur begibt sich auf die Suche nach einem verschwundenen Jungen. Schreibe stichpunktartig auf, was passiert, und verwende folgende Orte: Keller, Fluss, Schulparkplatz, Hochhaus, Gartenhütte, Feldweg, Autobahnraststätte. Die Reihenfolge entscheidest du.

ü ◆ Was nimmst du mit auf die Reise? Welches Gepäck?
◆ Finde andere Wörter für Straße (Feldweg, Pfad ...)
◆ Wie sieht deine Straße/der Weg aus, wo ist der Anfang, wo das Ende?
◆ Was riechst du? Was spürst du, wenn du unterwegs bist?

ü Was verändert Menschen? Überlege und konkretisiere die Liste:

- Schicksalsschläge wie Krankheiten, Liebe, Tod
- Erlebnisse wie Abenteuer, Reisen
- Begegnungen mit besonderen Menschen

Roadmovies aus der Jugendliteratur:
Tschick von Wolfgang Herrndorf
Stechmückensommer von Jutta Wilke
Fast genial von Benedict Wells

RECHERCHE

Egal, ob deine Geschichte an einem fiktiven oder an einem realen Ort spielt, sie muss authentisch wirken, damit du sie gut erzählen kannst. Du musst dich also gut auskennen und am besten eine komplette Landkarte oder einen Stadtplan zeichnen.
Überhaupt ist Recherche für eine gelingende Story unabdingbar. Gewöhne dir an, so sachgetreu wie möglich zu erzählen und diesbezüglich Informationen zu sammeln. Das klingt anstrengend – und ist es auch! Aber deine Leser:innen spüren die Gründlichkeit und damit die Glaubwürdigkeit deiner Geschichte ganz bestimmt.

Mach es dir am Anfang nicht zu schwer und schreibe nur über das, womit du dich wirklich gut auskennst: Wenn du Spezialist:in in Sachen Basketball oder Hundetraining bist, flechte das ein. Oder wenn etwas Originelles, Erzählenswertes in deinem Umfeld zu finden ist: verästelte Eiche, eine verwahrloste Hütte, ein ungewöhnlicher Kiosk …

Vielleicht hast du das Glück, am Ort deiner Geschichte zu leben oder hinreisen zu können. Wenn du über einen Ort schreiben willst, den du nicht so gut kennst, musst du nachforschen, wie es dort aussieht. Recherchiere in der Bibliothek (Bildbände, Atlanten, Stadtpläne, Reiseführer, Videos) oder im Internet. **Mach dir Notizen und stell dir vor, du würdest an diesem Ort leben, einkaufen und spazieren gehen.** Welche Straßen, Grünflächen, Cafés, Läden gibt es? Gibt es Autos, U-Bahnen, Fahrradwege? Oder können alle fliegen?
Kniffliger ist es, wenn deine Geschichte in der Vergangenheit oder in der Zukunft spielen soll. Für historische Themen musst du dich mit den Umständen genau befassen und herausfinden, wie die Menschen damals lebten (Kleidung, Beruf, Sprache, Alltag, Politik). Spielt deine Geschichte in der Zukunft, bist du völlig frei, dir etwas Neues auszudenken. Allerdings musst du darauf achten, dass der Entwurf deines futuristischen Landes in sich logisch und glaubwürdig erscheint.

ü Zeichne einen Stadtplan bzw. eine Landkarte vom Ort deiner Geschichte. Was befindet sich wo? Welche Wege muss man gehen? Gibt es Flüsse, Brücken, Gefahrenstellen?

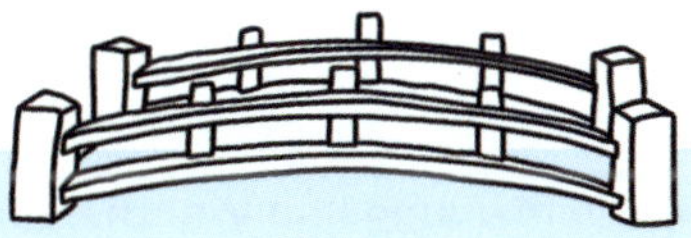

ü Schauplätze sind keine Postkartenfotos! Je nach Tages- und Jahreszeit verändert sich ihr Aussehen, wechselt die Stimmung. Erzähle deine Geschichte so, dass deine Leser:innen indirekt erfahren, wann deine Geschichte spielt: bei Sonnenaufgang, bei Schnee, in der größten Hitze, wenn alle im Stau stehen, während eines heftigen Gewitters ...

ü Erzähle den Ort aus der Sicht deiner Hauptfigur: Wie verhält sie sich? Was fühlt sie? Was sieht sie und nimmt sie wahr? Oder anders: Wie würdest du dich an diesem Ort fühlen?

Aufregende Orte:

- Waldlichtung bei flirrender Hitze
- Allein im Raumschiff
- Container vor dem Supermarkt
- Nachts im Schwimmbad
- Auf einer wilden Insel
- Im Märchenschloss
- In einem Wolkenkratzer
- Im Rathaus

FIKTIV ODER REAL?

Was ist echt, was ist wahr, was ist erfunden? Die Frage ist nicht trivial und die Grenze nicht leicht zu ziehen. Oder schaffst du es, die Wirklichkeit abzubilden, ohne deine eigene Meinung und Wahrnehmung mit einfließen zu lassen? **Jede Bildbeschreibung, jede Übersetzung, jeder Bericht ist eine Interpretation, also eine individuelle Wiedergabe.** Meistens versuchen wir Autor:innen, so nah wie möglich an der Realität zu bleiben, manchmal übertreiben wir bewusst. Und ganz oft erfinden wir Dinge dazu! Mit diesem Wissen kannst du dich also getrost auf Geschichten und Romane einlassen. Hinterfrage nicht, ob die Story »echt« ist, sondern nur, ob sie glaubwürdig innerhalb des Settings erzählt ist. Alles kann passieren, du brauchst nur die passende Handlung, die richtigen Worte, Orte, Charaktere.

Gerne wird in Romanen ein Tor oder Traum verwendet, um den Leser:innen zu signalisieren: Achtung, jetzt kommt eine erfundene, nicht reale Welt. Das ist ein erzählerischer Trick für Lese- und Literaturanfänger. Probiere mal aus, wie sich eine Geschichte liest oder erzählt, wenn du auf den Hinweis verzichtest, dass alles »nur« geträumt ist. Wenn du also in die Kraft und Logik deiner Erzählung vertraust, obwohl sie sich fantastisch und surreal liest. Mit diesem einfachen Test kannst du übrigens ganz schnell herausfinden, ob deine Geschichte »in sich« funktioniert und stimmig, also ECHT ist.

SCHREIBORTE

Es ist nicht nur wichtig, worüber du schreibst, sondern auch WO du schreibst. Viele Autor:innen haben ihre festen Rituale und Schreiborte, an denen sie kreativ sein können und in den Flow kommen. Das muss nicht immer ein und derselbe Ort sein, oft wechseln solche Lieblingsorte auch von Tag zu Tag oder von Buchprojekt zu Buchprojekt. **Finde heraus, wo du am liebsten schreibst.** Mach dir selbst Gedanken und Notizen dazu.

- In der Küche am Küchentisch ist der Klassiker! Nicht nur zum Hausaufgaben machen, sondern weil der Küchentisch (oder der Esstisch) für viele Mittelpunkt des Familienlebens ist. Und weil viele kein eigenes Zimmer haben.

- Am Schreibtisch zu schreiben ist super diszipliniert und hilft immer. Vorausgesetzt, du magst deinen Arbeitsplatz und hast ihn dir nach deinen persönlichen Vorlieben eingerichtet.

- Im Café bei Kakao und Kuchen zu schreiben ist Inspiration und Luxus pur. Gönne es dir ab und zu und probiere aus, ob du dich hier gut aufs Schreiben konzentrieren kannst.

- Viel ruhiger ist es im Museum oder in einer Bibliothek. Diese Orte sind typische Rückzugsorte. Gleichzeitig bieten Bilder, Bücher und Kunstgegenstände beste Inspiration!

- Sich auf eine Bank in den Park zu setzen, im Wald und im Grünen zu schreiben, kann ein wunderbares Erlebnis sein, weil sich die natürliche Ruhe des Umfelds auch auf dich überträgt.

- Viele Menschen lesen nicht nur auf dem Klo, manche schreiben dort auch. Wie immer: Geschmacks- und Typsache.

- Ein Keller oder eine Burg sind mega aufregende Schreiborte. Hier spürst du Schatten, Dunkelheit, Vergangenes – wenn es dir keine Angst macht.

- Im Zug zu sitzen und zu schreiben, während draußen Städte, Felder und Wälder vorbeifliegen, lässt die Gedanken groß werden.

Schreibwerkstatt

An fast jeder Schule gibt es heute eine Schreib-AG oder einen Schreibclub. Wenn nicht: Ergreif die Initiative! Gemeinsam mit Gleichgesinnten macht das Schreiben noch mehr Spaß. Zudem könnt ihr systematisch Schreibtipps ausprobieren, zum Beispiel die aus meinem Ratgeber 🙂.

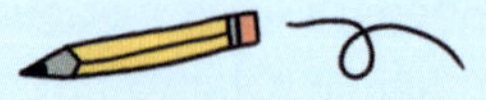

Aus meinem Schreibkästchen

Glück ist ... wenn ich in meinen Schreibworkshops anderen die Fabulierlust vermitteln kann, die ich selbst beim Schreiben habe.

Mehr über meine Schreibcamps findest du hier:

Eine super Gelegenheit, um deine Schreibkünste einzubringen, sind Schreibwettbewerbe. Hier winken oft nicht nur attraktive Preise, im besten Fall wird deine Geschichte sogar veröffentlicht. Meistens wissen Deutschlehrer:innen mehr darüber. Oder du suchst selbst im Internet.

Wattpad *ist eine Social-Storytelling-Plattform für User:innen ab 13. Hier kannst du selbst Texte schreiben und veröffentlichen, andere Geschichten lesen und kommentieren oder dich mit Autor:innen vernetzen.*

TIPP Nimm dir den Raum zum Schreiben, den du brauchst.

Aus meinem Schreibkästchen

Wenn ich will, kann ich überall schreiben. Der ungewöhnlichste Schreibort ist das Dojo, in dem ich Kickboxen trainiere. Der schönste mein Hängesessel im Garten, der inspirierendste der Sitzplatz am Fenster im Zug.

Wie aufgeräumt ist deine Schublade im Kopf? Checke deine Klischees und Vorurteile.

Textsorten

T wie Text
E wie Essays
X wie X für ein U
T wie Test
S wie Schublade
O wie Original
R wie Roman
T wie Tagebuch
E wie Erzählung
N wie Novelle

TEXTE, THEMEN UND INTERESSEN

Schau dich einmal in einer Buchhandlung um. Die Bücher sind dort nicht nur nach den Namen ihrer Autor:innen sortiert, sondern nach Themen und Kategorien eingeteilt: Belletristik, Krimi, Fantasy, historische Romane, Horrorliteratur, Liebesromane, Kunstbuch, Kochbücher, Kinder- und Jugendliteratur. Und natürlich Ratgeber, Sachbücher, Schulbücher ... All dies sind sogenannte Genres innerhalb der Literaturgattung Epik, also der erzählenden Texte. Andere Gattungen sind Dramatik (= Theater) und Lyrik (= Gedichte).
Diese Einteilung dient der Orientierung und hilft, wiederkehrende Muster zu erkennen, Bezüge herzustellen und zu interpretieren.

Denn so unterschiedlich wie wir Menschen sind, so unterschiedlich ist auch unser Geschmack, sind unsere Lesevorlieben. Jeder kann sich für andere Inhalte und Themen begeistern, die einen mögen es gefühlvoll und romantisch, anderen kann die Geschichte nicht gruselig genug sein. Ebenso ergeht dir das beim Schreiben: Je nach Neigung wirst du deine Texte im Stil deines Lieblingsgenres verfassen. **Es ist wichtig, dass du immer das schreibst, was du selbst gerne lesen möchtest und wofür du dich begeistern kannst. Dann schreibst du nicht nur gut, sondern vor allem glaubwürdig,** weil du dich in dem Genre gut auskennst. Gleichzeitig sind mit jedem Genre auch bestimmte Erwartungen verbunden, die du als Autor:in erfüllen musst, sonst springen deine Leser:innen enttäuscht ab.

Die Herausforderung ist immer, das Klischee zu vermeiden. Spiele mit Erwartungen, sorge für überraschende Momente, kombiniere Genres und Ideen zu etwas Neuem. Meistens sind in einem Roman mehrere Genres miteinander verknüpft. Fast immer gibt es in Krimis oder Fantasy-Liebesgeschichten, fast immer verfügen historische Romane über einen Krimianteil.

Wir unterscheiden im deutschsprachigen Raum zwischen U- und E-Literatur, also Büchern, die »nur« der Unterhaltung dienen, und Büchern mit ernsthaftem, hohem literarischem Anspruch. Gerne wird über U-Literatur gelächelt, aber Hand aufs Herz: Wir alle wollen Spaß beim Lesen haben und gut unterhalten werden, oder?

Mache eine Buchhandlungstour! Besuche Buchhandlungen in deiner Stadt und Umgebung und sieh dich genau um. Was fällt dir auf? Wie unterscheiden sich die kleinen Läden von den großen? Wo fühlst du dich wohler?

Geh in eine Bibliothek und leih dir so viele Bücher wie möglich aus dem Genre aus, in dem du schreiben möchtest. Lies, lies, lies, um dich bestens auszukennen.

- **Zu welchem Genre gehört dein Text bzw. in welchem Genre willst du schreiben? Was ist dein Thema? Identifiziere den Kern deiner Geschichte, worum geht's?**
- **Was denkt dein Leser, deine Leserin? Versetze dich in die Lage deiner Leserschaft: Wie würde sie deinen Text einordnen? Welche Stichwörter würde sie ihm geben?**
- **Vergleiche deinen Text mit anderen: Welchem Buch kommt er am nächsten? Welche Themen, Ideen, Figuren ähneln sich?**
- **Lerne verschiedene Genres kennen (siehe folgende Seiten).**

Kreuze höchstens zwei Genres an, zu denen dein Text gehört. Knifflig, oder? Denn natürlich sind richtig gute Bücher immer eine Mischung aus allem und bieten damit vielseitige Interpretationsmöglichkeiten. Der Haupthandlungsstrang jedoch bestimmt das Genre:

- Krimi
- Fantasy
- Kinderroman
- Jugendroman
- Romantasy
- Historischer Roman
- Horror
- Liebesroman
- Science Fiction
- Sachbuch
- Kochbuch
- Ratgeber
- Biografie
- Dystopie

TIPP Mach dich frei von Klischees und Erwartungshaltungen. Die Frage ist nicht: Was wollen die anderen lesen? Die Frage lautet: Was will ich erzählen? Was kann ich erzählen?

KRIMI, THRILLER, ABENTEUER

Krimis sind Spannung pur und leben davon, dass ein Verbrechen aufgeklärt werden muss. Die Hauptfiguren sind Polizist:innen, Kinderbanden oder –detektiv:innen, per se meist besonders eigenwillige Charaktere. Die Frage, wie der Fall gelöst wird, treibt die Handlung voran. Actiongeladene Verfolgungsjagden und eine schnelle Abfolge unheimlicher Szenen sorgen dafür, dass man beim Lesen mitfiebert und das Buch nicht mehr aus der Hand legt. Denn natürlich will man am Ende wissen, wie die Sache ausgeht. Gänsehautmomente entstehen durch gruselige Orte, gefährliche Tiere oder ungewöhnliche Situationen. Solche Szenen kennst du aus Kinderromanen wie Erich Kästners *Emil und die Detektive*, Astrid Lindgrens *Kalle Blomquist*, *Die drei ???* oder *Keiner hält Don Carlo auf* von Oliver Scherz. Holly Jacksons *A Good Girl's Guide to Murder* ist ein gutes Beispiel für einen spannenden Young-Adult-Roman.

Hierbei spielt die Erzählperspektive eine wichtige Rolle. Erzählst du aus der Sicht des Täters, des Opfers oder des Ermittlers? Oder wechselst du die Perspektiven? Auch die erzählte Zeit ist wichtig: Vor- und Rückblenden können zusätzliche Spannungsmomente erzeugen und auf eine falsche Fährte locken, was den Lesegenuss erhöht. Denn wer will gleich am Anfang schon wissen, wie die Geschichte ausgeht? Die Kunst ist, deine Leserschaft zu verblüffen und ihr trotzdem das Gefühl zu geben, sie hätte den Fall selbst gelöst.

Beim Krimi ist Recherche besonders wichtig, weil es auf kleinste Details ankommt. Zwar kannst du dir jede Menge Wissen anlesen, aber Informationen aus erster Hand sind durch nichts zu ersetzen. Trau dich und nimm Kontakt auf: Befrage Kommissar:innen, Gerichtsmediziner:innen, Anwält:innen. Wenn du ihnen kluge, wohl überlegte Fragen stellst, beantworten sie sie dir sicher gerne.

Zutaten für einen guten Krimi:

- eigensinnige Figuren
- interessantes, nicht alltägliches Motiv
- merkwürdiger Handlungsort
- skurrile Methoden oder vertrackte Handlungsmuster des Täters

So könntest du vorgehen, um deine Geschichte zu entwickeln:

1. Mord/Raub, Leichenfund/Diebesgut, Ermittler:in
2. falsche Fährte legen
3. Verdächtigungen und Vermutungen, Rekonstruktion der Tat, Verhöre
4. Überführung des Täters/der Täterin, Showdown, Auflösung,
5. Ende

Gänsehautmomente und Nervenkitzel – entwickle anhand folgender Stichpunkte eine kleine Geschichte:

- Telefonterror ohne Ende
- Sprechende KI auf deinem Handy
- Nachts in der Unterführung
- Alleine im Fahrstuhl
- Ein Park voll toter Frösche

Welche Tatwaffen fallen dir ein? Womit kann man gefährliche Dinge tun? (Bitte nicht ausprobieren!)

Aus meinem Schreibkästchen

Ob Krimi, Liebesroman oder Erzählung, für mich sind Leser:innen immer auch Detektiv:innen. Denn sie entschlüsseln den Roman und finden ihre eigene Wahrheit darin.

FANTASY

Die Fantasy selbst ist ein Untergenre der fantastischen Literatur und teilt sich in mehrere Varianten. Es gibt High Fantasy wie *Herr der Ringe* von J.R.R. Tolkien, Dark Fantasy wie *Black Company* von Glen Cook, Urban Fantasy wie *Harry Potter* von J.K. Rowling, Tier-Fantasy wie *Warrior Cats* von Erin Hunter oder Romance Fantasy (kurz: Romantasy) wie *Bis(s) zum Morgengrauen* von Stephenie Meyer.

In Fantasy-Romanen geht es um außergewöhnliche Geschichten in fiktiven und traumhaften Welten. Innerhalb dieser fantastischen Welt ist alles, was ist und geschieht, »normal« und in sich logisch und konsequent. Und gleichzeitig ist alles anders, als wir es kennen, alles neu: Lebensformen, Naturgesetze, Landschaften. Fantasy-Romane sind voller Geheimnisse und unwirklichen Elementen, Figuren und Personen. Fast immer geht es um Zauber und Magie, die von historischen Epochen ebenso inspiriert sein können wie von einer modernen, futuristischen Welt.
Auch hier gilt: Du musst dich in dem Genre auskennen, wenn du Fantasy schreiben willst. Lies und recherchiere möglichst viel. Checke in Buchhandlungen Titel und lies Klappentexte. Finde heraus, was sie verbindet und was sie voneinander unterscheidet.

Bei Fantasy kannst du dir (fast) alles ausdenken. Wie sehen die Menschen aus, wie die Häuser, in denen sie wohnen? Sind es überhaupt Häuser? Wie sprechen die Figuren? Sei kreativ und erfinde eine eigene Sprache! Welche Pflanzen, welche Tiere gibt es? Du hast die Möglichkeit, ein ganzes Universum nach deinen eigenen Vorstellungen zu entwickeln. Entsprechend gilt es, für dein Personal Namen zu finden.

ü Erstelle deinen eigenen Fantasy-Namengenerator: Zerlege Namen in Silben und setze sie neu zusammen. Am besten verwendest du dafür Wörter, die einen Bezug zu deiner Geschichte haben und auf die historische oder futuristische Themenwelt anspielen.

ü Falls du Fantasy-Leser:in bist: Was sind deine Vorbilder, also deine Top Ten?

ü Fantasy mal anders: Elfen, Zwerge, Drachen, Hexen, Zauberer gehen immer. Was aber, wenn eine Elfe in den Weltraum reist? Oder ein Zwerg die Welt rettet? Probiere die verrücktesten Kombinationen aus.

LIEBE UND ROMANCE

In Liebesromanen geht es um Liebe, so einfach, so kompliziert ist das. Weitere Zutaten: mindestens zwei Charaktere, etliche Hindernisse und ein Happy End. Vor allem aber dreht sich alles um Gefühle und Emotionen. Entsprechend tief tauchst du beim Schreiben in die fiktive Handlung ein, entsprechend musst du dich mit dem Innenleben deiner Figuren auseinandersetzen, entsprechend intensiv fiebern deine Leser:innen mit. **Auch bei einer Liebesgeschichte kommt es auf authentische Figuren an.** Sorge für lebendige Charaktere, die mehr zu sagen haben als nur »Ich liebe dich«. Erzähle vor allem auch, »wie« die beiden Liebenden zueinander finden – das bringt Spannung. Klingt nach Emotionen und Drama pur, oder?
In Young Adult und New Adult Romance-Büchern geht es um Liebe in all ihren Facetten und Farben. Die Protagonist:innen in YA-Geschichten stehen meist am Ende ihrer Schullaufbahn oder befinden sich ganz am Anfang ihres Studiums. Es geht um erste Male – die erste große Liebe, der erste Kuss, das erste Mal Sex, die erste Reise allein ... In NA-Büchern sind die Protagonist:innen junge Erwachsene ab ca. 20 Jahren. Sie studieren oder stehen im Berufsleben, feiern, haben Sex ... Sowohl im Young Adult als auch im New Adult spielt das Thema Selbstfindung oft eine große Rolle.

Es gibt verschiedene Arten von Liebesromanen:
Historischer Liebesroman – spielt in einer früheren Epoche mit spezifischen, der damaligen Gesellschaft entsprechenden Hindernissen und Problemen, die so authentisch wie möglich erzählt werden müssen. Oft werden historische Begebenheiten auf moderne Weise erzählt, um die Erwartungen (mehr Spice, mehr Feminismus, mehr Queerness) der heutigen Leser:innen zu erfüllen. Beispiel: *Die Bridgertons* von Julia Quinn.

Moderner Liebesroman – Liebeskummer und Herzensnöte im Hier und Jetzt, erzählt ohne Schnörkel, dafür authentisch und ganz nah dran, oft verbunden mit einer persönlichen Entwicklung der Protagonist:innen. Beispiel: John Green, *Das Schicksal ist ein mieser Verräter*.

Romantasy – fantastische Romance, je nach Schwerpunkt. Meistens mit weiblichen Protagonistinnen und viel Liebe, jede Menge Konflikten und immer einem Happy End. Hierzulande populär geworden durch die *Twilight*-Serie von Stephenie Meyer oder aktuell durch Kira Licht, *A Spark of Time*

Romantic Suspense – romantische Spannung, also die Kombination aus Liebesgeschichte und Krimi oder Thriller. Trotz einer ausgefallenen Rahmenhandlung steht die Liebesgeschichte immer im Vordergrund. Beispiel: Stella Tack, *Kiss me once*

Beliebte Tropes (= wiederkehrende Themen und Muster)

- *Cold Case*
- *Fake Dating/Relationship*
- *Forbidden Love*
- *Forced Proximity*
- *Friends to Lovers*
- *Grumpy meets Sunshine*
- *Haters/Enemies to Lovers*
- *Love Triangle*
- *Missing Person*
- *Strangers to Lovers*

Warum dürfen sich zwei nicht lieben? Finde Gründe und am besten auch ein paar Buchtitel!
Beispiele: Zerstrittene Eltern, Fernbeziehung, Egoismus, unüberwindbare kulturelle oder religiöse Konflikte, Missbrauch, Homosexualität, Geheimnis, Ex-Freund:innen, Vorurteile, Krankheit ...

Gegensätze ziehen sich an, und damit kannst du spielen. Gemeinsame Interessen sind wichtig, damit die beiden auch ein Paar werden können. Was haben deine Liebenden gemeinsam, was trennt sie?

- schüchtern/mutig
- leichtsinnig/mutig
- fröhlich/traurig
- neugierig/gleichgültig
- interessiert/ahnungslos
- ehrgeizig/gelangweilt
- leichtsinnig/vorsichtig
- impulsiv/beherrscht
- zurückhaltend/draufgängerisch

Aus meinem Schreibkästchen

Wenn ich unglücklich verliebt bin, schreibe ich die schönsten Liebesgeschichten!

SACHTEXTE UND HISTORISCHE ROMANE

Sachtexte und historische Romane sind eine Herausforderung, denn hier kommt es auf sorgfältige Recherche und sachgetreue Wiedergabe der Fakten an. Inhaltliche Fehler, Zahlendreher oder Fehlinterpretationen sind nicht nur peinlich, sondern bringen falsche Informationen in Umlauf, das willst du sicher nicht.

Schreibst du einen historischen Roman, kommt der Balanceakt zwischen Wirklichkeit und Fiktion hinzu. Hier liegt die Kunst im Verweben von Fakten mit einer spannenden Geschichte, die deinen Leser:innen einen Eindruck der damaligen Zeit vermittelt, ohne zu langweilen. Oft ist dies ein Krimi oder eine Liebesgeschichte.

So oder so zeugt das Schreiben über eine historische, wahre Begebenheit von großem Wissen und Einfühlungsvermögen. **Anders als bei »normalen« Geschichten kannst du nicht einfach drauflosschreiben, sondern bist in deiner Erfindungsfreiheit eingeschränkt.** Immer wieder musst du innehalten und überlegen: Kann, könnte das wirklich so stattgefunden haben? Haben, hätten sie wirklich so gesprochen? Gab es diese Gerätschaft/Einrichtung/Gegenstände damals schon? Interessanterweise liegen historische Romane gerade ziemlich im Trend, weil sich auf diese Weise Geschichte unterhaltsam erzählen und Wissen vermitteln lässt. Erzählt wird meistens anhand einer starken Persönlichkeit oder eines bedeutenden Ereignisses. Wähle deine Figuren, Zeit und Ort mit Bedacht. Gibt es eine große historische Persönlichkeit, über die du schreiben willst? Ein prägendes Ereignis? Aus wessen Perspektive willst du erzählen (Tochter des Fürsten, Bauernsohn, Schlosshund, Küchenratte ...)?

Beim Schreiben ist es wichtig, zwar faktenreich, aber nicht zu detailliert zu werden, schließlich schreibst du einen Roman. Und nichts langweilt mehr als die seitenlange Beschreibung des Musters einer Tapete im Schlosszimmer. Es sei denn – und darauf kommt es immer an –, genau dieses Muster oder diese Tapete spielen im weiteren Verlauf deiner Story eine wichtige

Rolle. Dein Ziel ist es, deine Leser:innen zu unterhalten und bei den Seiten zu halten. Das funktioniert manchmal über den spannenden Verlauf historischer Ereignisse, aber *immer* über eine spannend erzählte Story.

ü Überlege mal: Warum sind historische Epochen interessant?

- **Ägypten**
- **Mittelalter**
- **Viktorianisches Zeitalter**
- **Zweiter Weltkrieg**
- **Kalter Krieg**

ü Egal, ob historischer Roman oder Zukunftsroman: Auf diese Fragen musst du Antworten finden:

- **Welche Kleidung trugen/tragen die Menschen?**
- **Wie sprachen/sprechen sie? Recherchiere bestimmte Ausdrücke, Redewendungen.**
- **Welche Berufe gab/gibt es?**
- **Welche historischen Fakten sind von Bedeutung?**
- **Welche politischen Umstände?**

AUFSATZ, REFERAT, PRÄSENTATION

Der Vollständigkeit halber müsste an dieser Stelle noch etwas über Lyrik und Drama erzählt werden. Ebenso auch über Rap und Poetry Slam. Da ich mich aber weder mit Gedichten noch mit Theater besonders gut auskenne, verzichte ich darauf und gebe dir lieber allgemeine Tipps für die Schreibpraxis im Alltag. Denn in der Schule und später in der Ausbildung wirst du immer wieder Aufsätze schreiben und Referate halten müssen. Als Schreibprofi sollte das für dich dann kein Problem sein!

Clustern | Brainstorming

Am besten handschriftlich auf ein großes Stück Papier. Oberste Regel: Nicht nachdenken, sondern machen!

1. Sammle Ideen oder Begriffe. Alles, was dir an passenden Stichwörtern einfällt.
2. Identifiziere die Hauptthemen bzw. Hauptaussagen.
3. Ordne deine Stichwörter diesem Thema zu.
4. Zu jedem Thema kannst du nun weitere Ideen sammeln.
5. Stelle Verbindungen zwischen den einzelnen Themen her und benenne sie.
6. Leite daraus die Struktur deines Aufsatzes/Referates ab.

Erstellen

Plane genügend Zeit ein, um ein Referat oder eine Präsentation zu erarbeiten.

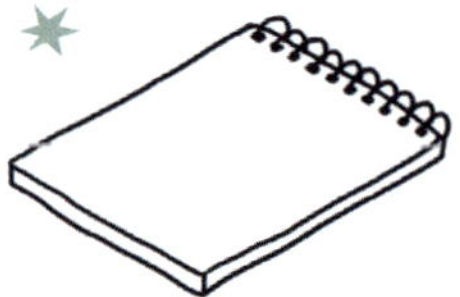

1. Starte immer mit einer guten Struktur. Formuliere deine Kernaussage und clustere dann weitere Themen und Unterpunkte dazu.
2. Wenn du das vorgegebene Thema blöd findest, suche einen für dich spannenden Aspekt heraus.

3. Sachtexte folgen anderen Regeln als kreatives und literarisches Schreiben. Dennoch darfst du dabei auch deinen eigenen Stil entwickeln.
4. Sorge für Spannung. Auch hier will dein Publikum unterhalten werden.
5. Verzichte auf Füllwörter und Adjektive, wähle kurze Sätze. Je präziser du deine Inhalte formulierst, desto klarer wird deine Aussage.
6. Nenne die Quellen, auf die du dich beziehst. Alles andere ist unseriös.
7. Halte dich an die Zeit- bzw. Seitenvorgaben.

Präsentieren

Schreiben ist eine Sache, deinen Text einem Publikum vorstellen, eine andere. Um dich sicher zu machen, probiere Folgendes aus:

- Lies deinen Text laut, versuche, frei zu sprechen, erzähle: deiner Freundin, deinen Eltern, einer Wand, einer Zimmerpflanze.
- Sprich klar und deutlich. Zur Übung mal besonders l-a-n-g-s-a-m, mal besonders schnell, mal mit einem Korken im Mund, mal mit tiefer, mal mit hoher Stimme, mal nur alle Vokale … Wenn du später beim Vortragen das Gefühl hast, du bist zu langsam, bist du immer noch zu schnell.
- Für Fortgeschrittene: Filme dich.
- Achte auf einen sicheren Stand: beide Füße parallel auf den Boden, Kopf hoch, Brust raus. Nimm regelmäßig Blickkontakt auf zu deinem Publikum.
- Atmen nicht vergessen. Zwischendurch immer mal wieder bewusst in den Bauch atmen.
- Blackout beim Reden? Macht nichts! Sag einfach, wie es ist, und fang von vorne an.
- Auch bei der Präsentation: Mach's mit Humor! Überlege dir witzige Pointen, lustige Begebenheiten. Dein Publikum will unterhalten sein.
- Und: üben, üben, üben …

Aus meinem Schreibkästchen

»Man muss sich seinen Frosch schön küssen«, hat mir mal jemand gesagt, und das Beste aus der Situation machen.

Was würdest du gerne ausprobieren? Schreibe 5 Dinge auf und entwickle einen Plan, wie du dein Vorhaben in die Tat umsetzen kannst.

Anfang

A wie ahnungsvoll

N wie neu

F wie frisch

A wie aufregend

N wie natürlich

G wie grenzenlos

ÜBER DEN ANFANG

Einfach losschreiben – das ist leichter gesagt als getan (mit diesem Schreibcoach hoffentlich nicht mehr)! Manchmal ist der erste Satz sofort da, manchmal sucht man Ewigkeiten. Und je länger du darüber nachdenkst und dich selbst unter Druck setzt, desto schlimmer wird es. Keine Panik! Das ist völlig normal und passiert den erfahrensten Autor:innen. Der Trick besteht darin, einfach anzufangen und loszuschreiben, egal was. So lange, bis der erste Satz da ist. Kreativität und Flow kannst du nicht erzwingen. Die besten Ideen kommen einem immer dann, wenn man nicht nach ihnen sucht. Aber man kann nicht immer so lange damit warten ... Um also einen ersten Satz zu finden, hast du folgende Möglichkeiten:

- Schreibe einfach, ohne den Stift abzusetzen (Freischreiben).
- Mach einen langen Spaziergang (ohne Handy).
- Geh joggen und duschen (in der Reihenfolge).
- Lege dich ins oder aufs Bett (mit geschlossenen Augen).
- Begib dich auf Gedankenreise (zu deinem Thema).
- Bleib neugierig (Entdeckungsreise).

ü Zum ersten Mal ... ein Referat halten, alleine shoppen gehen, in den Urlaub fahren, küssen, verliebt sein ... Was kann alles zum ersten Mal passieren? Vervollständige die Liste!

TIPP Mach dich locker! Das ist auch einfacher gesagt als getan. Aber gerade der Perfektionszwang und Leistungsdruck durch Schule, Eltern und Social Media kann enorm blockieren. Versuche dich davon zu befreien, indem du mithilfe all dieser Übungen deine persönliche (Schreib-)Kraft entwickelst und deine Selbstwirksamkeit spürst.

DER ERSTE SATZ

Nichts ist langweiliger als so ein herkömmlicher Einstieg (Einleitungssatz), um dann langsam Spannung und Handlung aufzubauen. Klar lernst du das in der Schule. Um für einen Aufsatz eine gute Note zu erhalten, musst du dich an diese Regeln halten. Aber Aufsätze haben mit kreativem Schreiben nichts zu tun, mit literarischem Schreiben schon gar nicht.
Trau dich also, bürste die Konventionen gegen den Strich und spring einfach gleich in die Handlung rein. Mit Zögern und Entschuldigung kommst du nicht weiter. Sag gleich, was Sache ist, um was es geht (gilt übrigens auch bei Vorträgen und Präsentationen). Die ersten Sätze, die erste Seite sind das Wichtigste in einem Buch! Nur wenn du deine Leser:innen für dich begeisterst, bleiben sie dran. Du musst sie einfangen – mit deinen Worten packen, mit schönen Sätzen und Bildern, die sie nicht mehr aus ihrem Kopf kriegen.
Verrate am Anfang jedoch nicht zu viel!
Natürlich kannst du ganz klassisch mit einer Kamerafahrt in das Geschehen einsteigen. Nach dem Motto »Es war einmal ...« werden Handlungsort und -geschehen geschildert, Charaktere und Szenerien beschrieben, doch dann gilt es, mit einem plötzlichen Ereignis für Überraschungsmomente zu sorgen. Nichts spricht dagegen, auf diese Weise deine Handlung aufzubauen. Und für Schreibanfänger:innen ist dies vielleicht auch der erste Schritt. Spannender, interessanter und aufregender wird es, wenn du mit den Erwartungshaltungen und Klischees spielst und experimentierst. Das ist kreatives Schreiben. Literarisch wird es übrigens immer dann, wenn du die traditionellen Pfade verlässt und dich allein auf die Kraft des Erzählens verlässt. Wenn Mehrdeutigkeit zwischen deinen Zeilen entsteht.

TIPP 3/30/3

3 Sekunden, um Aufmerksamkeit zu erhalten, 30 Sekunden. um zu fesseln, 3 Minuten, um zu überzeugen – so lautet der Trick (nicht nur) von Werbeexpert:innen, den du für deine Präsentation nutzen kannst.

Denk dir dramatische Szenen aus. Mit welchen Szenarien könnte (d)eine Geschichte beginnen?

Erzähle folgende Szene auf unterschiedliche Weise, mal witzig, ernst, melancholisch, düster, traditionell:
Ein Junge/ein Mädchen fällt vom Baum und entdeckt danach, dass er/sie zaubern kann.

Aus meinem Schreibkästchen

»Im Anfang war der Pickel …« lautet der erste Satz meiner Sina-Bücher.

Wie geht die Geschichte weiter? Leg nach diesen ersten Sätzen einfach los mit Erzählen!

- **Noch war es still. Kein Vogel zwitscherte, kein Hund bellte, selbst die Frösche schwiegen.**
- **Ich sah zu, wie die Wellen zu meinen Füßen Kiesel anspülten.**
- **Ist das alles?, fragte sie.**
- **Vor genau zwei Jahren lernte ich Leon kennen.**
- **Ich habe immer gewusst, dass er zurückkommen würde.**
- **Ella erzählte mir von ihrer Reise.**
- **Sie fiel.**
- **Etwas stimmte nicht.**
- **Rauch. Überall Rauch.**

Sammle erste Sätze zur Inspiration! Schau in deine Lieblingsbücher, checke literarische Werke. Lies rein und vergleiche die Anfänge. Die folgenden Fragen helfen dir dabei:

- **Was haben sie gemeinsam?**
- **Woran erkennst du sofort, zu welchem Genre das Buch gehört?**
- **Woran erkennst du sofort die Altersgruppe, woran die Zielgruppe?**
- **Wie wird das Setting eingeführt?**
- **Wie wird die Hauptfigur eingeführt?**
- **Wie werden die Leser:innen gefesselt, und vor allem: Welche Emotionen werden geweckt?**

TITEL – HENNE ODER EI?

Die einen suchen ihn noch vor Schreibbeginn, andere mittendrin, viele erst zum Schluss: **Der Titel ist für dein Schreibprojekt von Bedeutung, denn er bezeichnet deinen Text, bringt deine Idee auf den Punkt, macht neugierig, lädt zum Lesen ein.** Auch wenn es nicht gleich der endgültige Titel ist, solltest du wenigstens einen griffigen Arbeitstitel finden. (Der Arbeitstitel für dieses Buch hieß übrigens *Schreibcoach*.)
Denn egal, ob Aufsatz oder Roman, Sachtext oder Beitrag für eure Schulzeitung: Du brauchst einen passenden Titel.
Titel wie »Mein schönster Sommer« oder »Ein aufregender Tag« oder »Der gefährliche Keller« beschreiben simpel und gut, um was es geht. Sie sind aber wenig originell und so, also hätte man sie bereits hundertmal gelesen. Ehrlich gesagt ist es gar nicht so einfach, den passenden Titel zu finden. Doch auch hier gibt es ein paar Tricks, mit denen du dich der Sache nähern kannst. Wichtigste Regel: Der Titel muss zum Genre passen, sonst sind deine Leser:innen enttäuscht. Vielleicht ist es eine Textstelle aus deiner Geschichte, vielleicht ist es ein Wortspiel, vielleicht ist es aber auch eine simple Frage oder Aussage, die dich auf eine Idee bringt. Auf alle Fälle sollte dein Titel eingängig und verständlich sein – oder so ein komplizierter

Zungenbrecher, dass er merkfähig wird (wie zum Beispiel *Der satanarchäolügenialkohöllische Wunschpunsch* von Michael Ende).

Titelkategorien (gelten auch für Kapitelüberschriften)

- Ein-Wort Titel (*Wunder, Löcher, Heartstopper*)
- Erzählende Titel in Bezug auf den Inhalt (*Rico, Oskar und die Tieferschatten, Das Schicksal ist ein mieser Verräter, Und dann kam Juli, Die Nacht in der Schule*)
- Alliterationen (*Drei traurige Tiger, Zimt & Zucker, Wild und wunderbar*)
- Besondere Ausdrücke (*Furzipups, Kannawoniwasein*)
- Name der Hauptfigur (*Jacky Marrone, Coraline, Kalle Blomquist*)
- Hauptfigur + Handlung (*Gregs Tagebuch, Harry Potter und der Stein der Weisen, Das magische Baumhaus, Vier verrückte Schwestern*)
- Zusammengesetzte Substantive (*Goldschwestern, Erdbeersommer*)
- Bilder (*Wenn Liebe nach Pralinen schmeckt, Wie mir der Wahnsinn die Welt erklärte, Ich wollt, ich wär ein Kaktus*)
- Englische Titel (*Woodwalkers, Warrior Cats, Scary City*)

ü **Schau mal durch dein Bücherregal, stöbere in der Bibliothek oder in einer Buchhandlung. Notiere alle Titel, die dich ansprechen – und die jeweiligen Genres dazu.**

ü **Suche dir zwei Wörter, die den Kern deiner Story beschreiben, und erstelle eine Mindmap. Clustere auf diese Weise immer mehr Wörter, Sätze, Ausdrücke, bis der richtige Titel dabei ist.**

Markiere Lieblingsstellen, Lieblingssätze, Lieblingswörter in deinem Text – und bastle daraus einen Titel.

Aus meinem Schreibkästchen

Titelfindung ist mein liebstes Allerbestes! Gemeinsam mit meiner Lektorin und dem Verlag finden wir den besten, wie zum Beispiel diesen hier.

MIT SCHOKOLADE GEGEN SCHREIBBLOCKADE

Du sitzt vor einem leeren Blatt Papier oder einem neuen Dokument, du hast schon einige Seiten geschrieben und weißt plötzlich nicht weiter. Egal, wie du es drehst und wendest, nachdenkst, grübelst, machst und tust, es fließt einfach nichts Gutes aus deiner Feder. Oder du verspürst überhaupt keine Lust, dich schon wieder an deinen Text oder an dein Manuskript zu setzen. Dabei hast du bis hierhin alles richtig gemacht: eine tolle Idee, recherchiert und geplottet, Charakterbögen ausgefüllt, für eine inspirierende Umgebung gesorgt. Und plötzlich geht gar nichts mehr. Willkommen im Club! Mit Schreibblockaden bist du nie allein. Überall auf der Welt kämpfen Schreibende mit Wörtern und insbesondere mit ihren ersten Sätzen.

Das ist besonders blöd, wenn du deinen Text zu einem bestimmten Zeitpunkt abliefern musst, für eure Schulzeitung zum Beispiel, oder wenn der Einsendeschluss für einen Schreibwettbewerb naht. Und noch blöder, wenn es nicht nur mal eben für einen Tag bei einer Kreativitätsblockade bleibt, sondern deine Unlust sich über einen längeren Zeitraum hinzieht.

Mach dir klar: Schreibblockaden sind Motivationsblockaden und oft mit anderen Problemen verbunden: Stress mit deinen Eltern oder Freund:innen, schlechte Noten, Liebeskummer, Krankheit … All das kann dir die Freude am Schreiben vermiesen (oder im Gegenteil der Motor für deinen Output sein). Wenn du die Ursache kennst, kannst du auch etwas dagegen tun – oder beschließen, erst mal einfach nur die Symptome zu lindern, was völlig okay ist.

Checkliste:
Gründe für deine Schreibblockade und was du dagegen tun kannst

Wenn du …

- unter **Zeitdruck** leidest, dann plane im Vorfeld deine Schreibzeiten und schaffe dir feste Rituale zum Schreiben.
- **nonstop** schreibst, dann sorge für ausreichend Pausen. Weg vom Schreibtisch, raus in die Natur oder ab zum Sport. Essen und Trinken nicht vergessen!
- **ohne Inspiration** bist, dann widme dich der Recherche zu deinem Buch.
- auf deinem Schreibtisch **Chaos** herrscht, sorge für bessere Übersicht und Ordnung.
- **immer wieder** unter Schreibblockaden leidest, dann liegt das vielleicht an deiner hohen Erwartungshaltung, an dem Druck, den du dir selber machst.

Hier findest du Entspannungsübungen und weitere Tipps, wie du dich davon befreien kannst.

In guten Zeiten muss man für schlechte Zeiten vorsorgen. Wenn du weißt, dass du öfter mal mit Schreibblockaden oder Motivationsschwierigkeiten zu tun hast, sorge vor und sammle in einer Liste alles, was dich persönlich wieder auf die Spur bringt:

- raus in die Natur gehen und Blick ins Weite suchen
- Motivationssprüche sammeln, bis sie einem auf die Nerven gehen
- sich eine Belohnung versprechen
- eine Runde Sport treiben
- das Arbeitspensum in kleine Häppchen teilen
- Schreibbuddies suchen, denn gemeinsam schreibt es sich besser
- Blick zurück auf das, was du schon alles erreicht hast

ü Die beste Motivation ist immer deine eigene, weil du ein Ziel vor Augen hast. Die folgenden Sätze helfen dir dabei. Schreib sie groß und bunt in dein Heft!

- Ich ziehe das durch.
- Ich will das.
- Ich schaffe das.
- Ich kann das.
- Ich habe alles, was es dazu braucht.
- Ich habe Erfolg.

ü Doodeln tut gut!

ÜBERARBEITEN UND TEXTKRITIK

Weil die ersten Seiten so wichtig sind, musst du ihnen besondere Aufmerksamkeit schenken. Aber versuch nicht, von vornherein alles perfekt texten zu wollen, stricke zunächst Story und Handlung. Manche Autor:innen müssen sich erst warm schreiben, andere schreiben zuerst ihr Lieblingskapitel, wieder andere haben eine Lieblingsszene mitten im Roman und schreiben von hier aus in alle Richtungen. **Auf jeden Fall solltest du als Schreibanfänger:in erst einmal alles fertig schreiben, bevor du mit der Überarbeitung deines Texts beginnst.** Du läufst sonst schnell Gefahr, dich zu verzetteln, was wiederum dazu führt, dass du frustriert bist und am liebsten alles hinschmeißen würdest, weil du kein Ende (siehe nächstes Kapitel) findest.

Andererseits: Halte dich nicht zu sehr an deinem Schreibplan fest. Es ist normal, dass zwischen Idee, Plot und erstem Textentwurf bis hin zum finalen Manuskript etliche Drehungen, Schleifen und Korrekturversionen entstehen. Oder wenn deine Charaktere plötzlich ein Eigenleben entwickeln und nicht mehr das machen, was du dir ursprünglich für sie ausgedacht hast … Je öfter und vielseitiger du dich mit deinem Werk beschäftigst, desto mehr Details fallen dir auf. Desto besser wird es. Und oft tut ein bisschen Abstand auch ganz gut. Wie bei einem Hefeteig, den man mehrmals ruhen lassen muss, damit der Kuchen locker und luftig wird.

TIPP Tausche dich mit anderen Schreiberlingen aus. Lest, korrigiert und lektoriert euch gegenseitig.

i *Fehler zeigen, dass du über deine Texte nachdenkst, und* **Textkritik ist keine persönliche Kritik!** *Das ist schwer auszuhalten, weil du dich natürlich mit deinem Text identifizierst. Aber mach dir klar: Wenn jemand deine Figuren nicht mag oder die Art und Weise, wie du schreibst, hat das mit dir als Person nichts zu tun!*

In ernsthaften Rezensionen geht es immer um die literarische Auseinandersetzung mit dem Thema, also die sprachliche und inhaltliche Qualität. Viele Buchbesprechungen in den Sozialen Medien sehen das lockerer, sie beziehen sich eher auf das individuelle Leseempfinden und sind geprägt von einer persönlichen Meinung. Oder sie beziehen sich nur auf das äußere Erscheinungsbild wie Cover und farbigen Buchschnitt. Für dich als Autor:in sind sie womöglich nicht von großem Nutzen.

Lies laut! Klingt seltsam, ist aber die allerbeste Übung, um herauszufinden, ob dein Text …

- **eine logische Handlung verfolgt.**
- **spannend klingt.**
- **Wortwiederholungen hat.**
- **über einen guten Sprachrhythmus verfügt.**
- **zu langatmige Passagen hat.**

Du kannst natürlich auch deine beste Freundin oder deine Eltern fragen. Oder ein Sprachmemo machen und später reinhören.

Aus meinem Schreibkästchen

Ich schreibe immer alles in einem Rutsch durch, drucke mir am Ende meinen Text aus und korrigiere auf Papier (!), um dann wieder digital alles zu überarbeiten.

Bemale Steine mit Lackmarkern mit deinen Lieblingswörtern, -bildern oder -figuren. Oder gestalte darauf das Wort ENDE. Immer wenn du etwas loslassen oder beenden möchtest, nimmst du ihn zur Hand. Natürlich kannst du deinen Stein auch symbolisch mit einem dicken Punkt oder einfach nur bunt anmalen.

E wie effektiv

N wie niemals

D wie definitiv

E wie endlich

ENDE GELÄNDE

Sisyphusarbeit ist ein geflügeltes Wort dafür geworden, wenn jemand eine sinnlose Arbeit ohne absehbares Ende zu verrichten hat. Sisyphos ist eine Figur aus der griechischen Mythologie und dazu verdammt, den gleichen Stein wieder und immer wieder den Berg hinaufzurollen. Was wäre, wenn der Stein oben liegen bliebe? Dann hätte er sein Ziel erreicht … und Sisyphos keine Aufgabe mehr!
Man kann sich Sisyphos also als glücklichen Menschen vorstellen, der es geschafft hat, der Absurdität des Alltags einen Sinn zu verleihen. »Der Weg ist das Ziel« – diesen Satz kennst du mit Sicherheit. Genau das ist damit gemeint: den Weg, den Alltag, das Hier und Jetzt zu gestalten und auf ein Ziel – eine Utopie! – hinzuarbeiten. **Die Lust am Schreiben, die Freude am Gestalten und Ausprobieren – genau das bedeutet Kreativität und ist der Unterschied zu auf Knopfdruck per KI generierter Texte.**

ü Was hast du zum letzten Mal zu Ende gebracht? Schreibe auf.

ü Schau mal wieder in deine Lieblingsbücher. Wie könnten die Geschichten jeweils weitergehen? Entwickle Ideen, entwickle einen Plot. Ist das überhaupt möglich? Wenn Nein, warum nicht?

HAPPY (OPEN) END

Wenn wir essen, kuscheln, lesen, sprechen oder schreiben, läuft unser Gehirn zur Höchstleistung auf und verbraucht viel Energie. Und immer, wenn wir etwas Schönes tun, schüttet unser Gehirn in Erwartung eines weiteren positiven Ereignisses den Neurotransmitter Dopamin aus. Weil es quasi süchtig nach Belohnung ist, lieben wir Happy Ends!
Deshalb sind wir motiviert!

Deshalb lernt es sich mit Angst und Druck im Nacken nicht so gut. Deshalb hängen wir stundenlang am Handy und scrollen, weil das positive Ereignis (das Ende) nicht eintrifft, die digitalen Angebote sind unendlich. Deshalb lieben wir Geschichten mit glücklichem Ausgang und sind mit offenen Enden alles andere als zufrieden. Wir wollen wissen, ob der Dieb gefasst wurde, die Liebenden sich gefunden haben, alle zufrieden sind. Ein gutes Ende ist glaubwürdig und schlüssig, nach dem Motto: Hätte ich mir ja denken können. Und immer auch ein bisschen überraschend …

i **Happy End** = *Und sie lebten glücklich und zufrieden bis an ihr Lebensende … Das Gute siegt über das Böse.*

Ende mit Erkenntnisgewinn = *Und die Moral von der Geschicht' …*

Offenes Ende = *Und wie geht es weiter? Eignet sich für nachdenkliche Geschichten und ist eine Herausforderung an die Leserschaft.*

Überraschendes Ende = *Deine Leser:innen rechnen mit einem Happy End, doch dann kommt alles ganz anders. Muss aber innerhalb der Handlung konsequent sein.*

Cliffhanger = *Offener Ausgang einer Episode, Abbruch an einer besonders spannenden Stelle. Wird auch bei Serien und Fortsetzungsgeschichten eingesetzt.*

Epilog – *Abschließender zusammenfassender Blick auf die Geschichte aus größerer Distanz, der zugleich auch einen Ausblick auf künftige Ereignisse geben kann.*

EINEN PUNKT SETZEN

Alles hat ein Ende – wirklich? Ich bin mir da nicht sicher. Nicht immer lässt sich ein Schlusspunkt setzen, manchmal bleibt alles in der Schwebe. Und du hast das Gefühl, jetzt fängt alles erst an. Natürlich gibt es bestimmte Ereignisse und Momente, die vorbei sind: ein Schuljahr, ein Fußballspiel, ein Sonnenuntergang. Doch die Geschichten in deinem Kopf, deine Gedanken dazu, die kommen und gehen und drehen sich weiter. Immer wieder erlebst du neue Situationen, die dich nachdenken lassen und deine Sicht auf das Erlebte verändern (das letzte Schuljahr war viel anstrengender, diesmal warst du beim Fußballspiel viel besser, inzwischen findest du Sonnenaufgänge viel aufregender). So ähnlich verhält es sich auch beim letzten Satz deiner Geschichte. Mit ihm bringst du zwar die Handlung auf einen Punkt, löst die vorher gestrickten Fäden auf, versöhnst Feinde, lässt Liebende sich finden, deine Figuren ihre Probleme lösen. Im besten Fall jedoch geht im Kopf deiner Leserschaft die Geschichte weiter. Dann hast du alles richtig gemacht, weil du derart mitreißend erzählt hast, dass die Geschichte deine Leser:innen nicht loslässt und noch lange nachschwingt. Du kennst diese Art von Fortsetzungen, von Spin-offs oder Fanzines – und bestimmt von dir selbst. Vom Genre aus gedacht erwarten deine Leser:innen allerdings ein entsprechendes Ende: ein Happy End beim Liebesroman, den Täter, die Täterin hinter Gittern beim Krimi, ein tragisches Ende bei einer Dystopie, eine überraschende Wendung bei einem Fantasy-Roman. Hier darfst du nicht enttäuschen! Oder du musst so gekonnt damit spielen und einen Cliffhanger einbauen, dass deine Leserschaft es dir verzeiht.

Dein letzter Satz muss also so groß wie dein erster Satz sein – und sitzen. Wie ein Fausthieb oder ein Paukenschlag, etwas, was deine Leser:innen nicht so schnell vergessen.

Lege dir eine Sammlung berühmter letzter Sätze an. Gelungene Schlusssätze findest du beispielsweise in J.R.R. Tolkiens *Herr der Ringe*, J.K. Rowlings *Harry Potter* , Max Kruses *Geschichten vom Urmel*, Gudrun Pausewangs *Die Wolke*.

TIPP Vor allem, wenn du eine fantastische Geschichte geschrieben hast, ende nicht mit: »...und dann wachte ich auf. Was für ein Albtraum!« Solche Texte brauchen keine Erklärung, sofern sie in sich logisch sind. In der Fantasie ist (fast) alles möglich.

CLIFFHANGER

Kennst du das Märchen von 1001 Nacht? Es geht so: Der Sultan will sich an allen Frauen der Welt rächen, weil er bisher von jeder betrogen wurde. Daher nimmt er sich jede Nacht eine neue Frau und tötet sie am Morgen, damit sie ihn nicht mehr betrügen kann. Scheherazade durchbricht dieses grausame Ritual, indem sie dem Sultan Geschichten erzählt: Geschichten ohne Ende. Ihre Erzählstrategie ist es, jedes Mal an der spannendsten Stelle aufzuhören. Kurz vor Ende der Nacht, dann nämlich, wenn der Sultan normalerweise die Frauen umbringen würde. Und natürlich will er unbedingt die Fortsetzung wissen und verschont Scheherazade, 1001 Nächte lang, bis er sie schließlich heiratet. Ihr Trick ist also der Cliffhanger: aufhören an der spannendsten Stelle, mit einer brenzligen, konfliktgeladenen Situation. Das kennst du natürlich auch von deiner Lieblingsserie, denn du sollst ja bei der nächsten Folge wieder einschalten! Beim Schreiben und Erzählen kannst du dir von Kapitel zu Kapitel Cliffhanger zunutze machen, um bei deinen Leser:innen die Spannung bis zum Ende aufrecht zu erhalten.

Die Bezeichnung Cliffhanger beruht tatsächlich auf einem »Cliffhanger« in einem Roman von Thomas Hardy, der 1873 monatlich als Fortsetzung in Tinsley's Magazine erschienen ist: A pair of blue eyes. Darin geht der Protagonist am Rande einer Klippe spazieren, stürzt ab – und kann sich gerade noch so an einem Grasbüschel festhalten. Die Leserschaft fieberte mit: Kann er sich halten? Wird er gerettet? Reicht seine Kraft?

Diese Wörter leiten Cliffhanger bzw. Wendepunkte in deiner Geschichte ein. Vervollständige die Sätze!

- **Doch dann ...**
- **Unvermittelt ...**
- **Plötzlich ...**
- **Im letzten Moment ...**
- **Nichtsahnend ...**
- **Und dann geschah es ...**
- **Ein letzter Blick zeigt ...**
- **Wird er/sie es ...**

EXTRA: VON DER IDEE ZUM BUCH

Träumst du davon, eines Tages dein eigenes Buch in den Händen zu halten? Mit Tausenden von Followern, Buchblogger:innen und Buchverliebten, die wegen deines Romans in die Buchhandlung strömen? Auszeichnungen, Preise, Fortsetzungen, Verfilmung?
Träum weiter, würde ich dir am liebsten zurufen, schreibe für dich, tauche ein in deine Sätze – und mach dich frei von dem Erwartungsdruck, der mit einer Veröffentlichung verbunden ist. Denn der Buchmarkt ist hart umkämpft. Nicht jede Erfolgsgeschichte führt zu einem Happy End, nicht jeder Instagram-Post ist ehrlich, nicht jede Buchkritik positiv. Ein Blick hinter die Kulissen soll dir helfen, den Buchmarkt besser einzuschätzen.

Vom Manuskript zum fertigen Buch

1. Als Autor:in erhältst du von deinem Verlag einen Verlagsvertrag. Darin überträgst du die Urheberrechte für einen bestimmten Zeitraum an den Verlag und bekommst dafür eine entsprechende Summe Geld.

2. Der Verlag wiederum verpflichtet sich, dein Buch zu veröffentlichen und zu bewerben. Das kostet ihn zunächst Geld, weil er in dich und dein Buch investiert (Lektorat, Herstellung, Presse, Grafik, Vertrieb ...), er verdient damit aber auch welches. Nämlich dann, wenn sich dein Buch gut verkauft. Davon gehen Verlagsleute aus, sonst würden sie keinen Vertrag mit dir abschließen. Das ist der Deal zwischen Autor:innen und Verlag – und im besten Fall von Erfolg gekrönt.

3. Im Verlag gibt es verschiedene Abteilungen. Jede ist wichtig und trägt zur Entstehung deines Buches bei.

- Im **Lektorat** wird dein Text lektoriert, dein Manuskript also inhaltlich und sprachlich durchleuchtet: Ist der Plot originell, die Handlung spannend, sind die Charaktere sympathisch? Stimmen Erzählperspektive und Erzählrhythmus? Das alles erfordert intensive Textarbeit, die in engem Kontakt mit der Autorin, dem Autor erfolgt. Ein endgültiger Titel entsteht in Absprache zwischen Autor:in und Verlag.

◆ In der **Herstellung** entsteht aus deinen Manuskriptseiten ein richtiges Buch. Mit bestimmten Programmen werden Buchlayout und -seiten gestaltet und ggf. Illustrationen hinzugefügt. Bevor dein Buch in die Druckerei geht, wird alles noch einmal Korrektur gelesen.

◆ Sowohl **Marketing**- als auch **Presse**-Abteilung versuchen mit allen möglichen Werbemitteln auf dein Buch aufmerksam zu machen. Inzwischen gehören Social Media-Auftritte ebenso selbstverständlich dazu wie Anzeigen oder das Versenden von Rezensions-Exemplaren an Blogger:innen und Journalist:innen.

◆ In der **Grafik**-Abteilung macht man sich Gedanken um die Verpackung deines Buches, um das Cover und eventuell auch um den farbigen Buchschnitt. Hier sitzen kreative Köpfe und kümmern sich intensiv um die originellste und beste Gestaltung. Vom Cover (und auch vom Titel) hängt später ab, wie oft und wie gerne Käufer:innen zu deinem Buch greifen. Kein Wunder, dass dies ein intensiver und nicht immer einfacher Prozess ist! Manche Verlage arbeiten mit freischaffenden Grafiker:innen zusammen.

◆ Der **Vertrieb** sorgt dafür, dass dein Buch von der Druckerei über die Auslieferung in den Buchhandel, sprich unter die Leser:innen kommt. Für die Buchhandlungen entstehen Kataloge, sogenannte »Vorschauen«, in denen dein Buch präsentiert wird, online oder in gedruckter Form. Vorschauen kannst du dir auch auf den Websites der Verlage anschauen.

Aus meinem Schreibkästchen

Das sagt die Lektorin dieses Buches dazu: »Während der Arbeit an einem Buch habe ich intensiven Kontakt zur Autorin oder zum Autor, oft auch zu Übersetzer:innen und Illustrator:innen. Ich liebe die enge Zusammenarbeit mit ihnen, und manchmal müssen wir lange tüfteln, bis wir die richtigen Formulierungen und schönsten Sätze gefunden haben.«

i *Hände weg von Verlagen, die von dir Geld haben wollen, damit sie dein Buch veröffentlichen!*

i ***Agent:innen** sind Buchvermittler:innen, die sich in der Verlagsszene gut auskennen und dein Manuskript gezielt anbieten können, sodass du nicht selbst (womöglich vergeblich) alle Türen abklappern musst. Denn meistens klappt es nicht auf Anhieb. Allerdings bekommen Agenturen für ihre Arbeit auch Geld.*

i *Vieles spricht für **Self-Publishing**, weil du hier die Möglichkeit hast, im besten Fall viel mehr Geld zu verdienen als mit einem klassischen Buchvertrag, bei dem du nur ein paar Prozent vom Nettoverkaufspreis verdienst. Außerdem kannst du selbst bestimmen, wie Cover und Werbetexte aussehen.*
Vergiss aber nicht, dass du sämtliche Verlagsarbeit (Lektorat, Herstellung, Grafik, Presse) selbst leisten und organisieren und auch bezahlen musst. Vertrieb und Verkauf sind zudem ein Thema für sich: Wo würdest du zum Beispiel 3.000 Bücher lagern? Das ist sooo viel mehr als eine Garage voll ... und mal eben Bücher versenden ist teuer, sie online zu bewerben gelingt nur, wenn du eine enorme Reichweite in den sozialen Netzwerken hast.

*Das **Urheberrecht** schützt das geistige Eigentum eines Urhebers, einer Urheberin von Musik, Bildern, Texten. Entscheidend ist, dass es sich dabei um etwas Neues handelt. Das Copyright-Zeichen © im Impressum zeigt an, wer das Recht an einem Werk besitzt. Copy & Paste ist ohne Einverständnis des Rechteinhabers verboten. Das gilt im analogen wie im digitalen Bereich.*

*Schau mal in das **Impressum** dieses Buches auf Seite 4! Das ist sein Personalausweis. Darin erkennst du, wer alles an der Entstehung des Buches beteiligt war und dass ich als Urheberin dieses Textes die Verwertungsrechte an ONE im Bastei Lübbe Verlag durch einen Verlagsvertrag übertragen habe. Wer das Lektorat gemacht hat, die Illustrationen und das Layout, wo das Buch gedruckt wurde usw.*

*Die **ISBN** ist die Internationale Standardbuchnummer und besteht aus 5 Teilen mit insgesamt 13 Ziffern. Dank der ISBN kann jedes Buch identifiziert und im Bücherdschungel gefunden werden, besonders wichtig für den Buchhandel.*

Aus meinem Schreibkästchen

Schreiben ist eine einsame Sache. Ein Buch zu veröffentlichen immer Team-Arbeit.

KREATIV SCHREIBEN BEDEUTET

- SCHÖPFERISCH SCHREIBEN
- NEUE SÄTZE BILDEN
- NEUE IDEEN AUSDENKEN
- NEUE SCHREIBWEISEN ENTWICKELN
- FANTASIEMUSKEL TRAINIEREN
- EIGENEN SCHREIBSTIL ENTWICKELN

BYE, BYE!

Das Ende meines Schreibratgebers ist hoffentlich der Anfang deiner Schreibleidenschaft. Bleib dran – und vor allem kreativ! Gerade in Zeiten wie diesen, in denen es ständig um kognitive Fähigkeiten geht, sind Visionen, Ideen, Träume, Gedichte, Lieder, Geschichten so wichtig. Ich wünsche dir viele Freund:innen, die so fühlen und denken wie du, damit du die Gemeinschaft von Gleichgesinnten beim Schreiben spüren kannst. Und bleibe dran. Je präziser du mit Sprache umgehst und sie verwendest, desto besser werden deine Texte, desto stärker entwickelst du ein gutes Sprachgefühl, alles eine Frage der Übung. Hat den Vorteil, dass du beim Schreiben nicht lange darüber nachdenken musst, was du da gerade tust und immer schneller in den Flow kommst. Manchmal sind es Details, die schriftstellerisches Können verraten ... Ich hoffe, mein Buch hilft dir dabei!

DANKSAGUNG

Danke an alle, die an der Entstehung dieses Buches mitgewirkt haben! Insbesondere danke ich den Teilnehmer:innen meiner Schreibworkshops für all die inspirierenden Stunden, das Lachen und gemeinsame Tüfteln an den Texten. Meinen Testleserinnen Jay, Layane und Franka für ihre wertvollen Rückmeldungen und Kathrin Lange samt ihrem »Plotten für Chaoten«. Meiner Agentin Ulrike Schuldes und dem ONE-Verlag für die vertrauensvolle Zusammenarbeit, Vanessa Weuffel für das Schmücken meines Textes, Silvia Bartholl für den intensiven Austausch rund um die Entstehung dieses Schreibratgebers. Und ganz besonders danke ich meiner Schwester Sonja Einwohlt für die Gestaltung meiner neuen Website www.losschreiben.de. Alles ist immer für etwas gut!

NOTIZEN